DESMOS
명령어 따라잡기 2

DESMOS 명령어 따라잡기 2

초판발행	2023년 9월 1일
저 자	곽민정, 권혜윤, 노석태, 이수정, 조현일
검 토	문태선, 문혜령
펴낸곳	지오북스
등 록	2016년 3월 7일 제395-2016-000014호
전 화	02)381-0706 / 팩스 02)371-0706
이메일	emotion-books@naver.com
홈페이지	www.geobooks.co.kr
ISBN	979-11-91346-68-8
값	17,000 원

이 책은 저작권법으로 보호받는 저작물입니다.
이 책의 내용을 전부 또는 일부를 무단으로 전재하거나 복제할 수 없습니다.
파본이나 잘못된 책은 바꿔드립니다.

  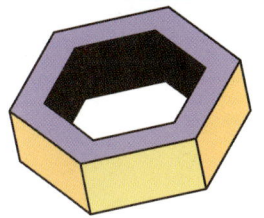

<책 머릿말>

데스모스 액티비티는 공학도구 + ppt + 학습지 + 메타버스입니다. 교사입장에서는 수업 진행에 도움이 되는 도구이고 학생입장에서는 공부할 내용이 한 곳에 모여있는 과제 꾸러미입니다. 데스모스는 교실의 무료 와이파이와 학생들에게 보급된 태블릿을 수학수업시간에 가장 효율적으로 활용할 수 있는 환경을 만들어 줍니다. 개별 학생이 직접 조작하고 관찰할 수 있는 동적탐구자료를 종이학습지 대신 나눠주고 싶지 않나요? 또한 학생의 활동결과물을 편리하게 들여다보고 피드백도 주고 싶지 않나요? 일상 수업속에서 에듀테크의 장점을 녹여내고 싶다면 데스모스를 꼭 시작해 보시길 바랍니다.

창원대암고 곽민정

데스모스 프로그램은 '가성비' 좋은 수업 도구입니다. 데스모스 프로그램으로 수업을 준비하는 과정은 생각보다 간단했습니다. 잘 짜여진 데스모스 액티비티로 진행되는 수업은 교사와 학생에게 수학적 몰입을 제공해 줍니다. 교사와 학생 간의 '경험의 공유'입니다. 데스모스 액티비티는 수업 중 수학적 대화의 소재도 제공해 줍니다. 이로써 학생의 수학적 표현, 사고 등을 이끌어내는 '대화적 담화'가 가능했습니다.
이 책의 집필 목적은 좋은 수업 도구를 동료 교사들이 쉽고 간편하게 창작할 수 있도록 도움을 주기 위한 것입니다.
대한민국 모든 수학 선생님들을 응원합니다.

감계중학교 권혜윤

학생들이 수학 수업에서 수학적 사고에 집중할 수 있게 하는 것은 너무나 당연하지만 저에게는 어려운 과제였습니다. 저는 데스모스를 사용하여 학생들에게 제가 상상했던 과제를 제시할 수 있었고 학생들은 이 과제를 이해하고, 의견을 제시하였습니다. 또한 이런 학생들이 제시한 의견이 다시 수업의 토론 거리로 만들며 아이들의 생각으로 수업을 채울 수 있었습니다. 더 나은 수업을 위해 에듀테크라는 파도는 피할 수 없는 현실이 되었습니다. 피할 수 없다면 데스모스를 타고 파도를 즐겨 보는건 어떨까요?

경기과학고등학교 노석태

수업에 대한 고민이 많았습니다. 학습지를 만들고 다듬으면서 표현하고 싶은 내용을 담지 못하는 아쉬움이 있었습니다. 데스모스를 이용한 수업으로 고민의 대부분을 덜어낼 수 있었고 처음에는 액티비티를 찾아 번역하고 각색하는 것부터 시작했습니다. 학생들이 즐거워하고 적극적으로 참여하는 모습을 보며 점점 나의 아이디어로 액티비티를 만들어보고 싶은 욕심이 생겼습니다. 좋은 수업 아이디어가 있다면 데스모스에 담아보세요. 선생님들께 이 책이 많은 도움이 되었으면 합니다.

감계중학교 이수정

데스모스 구슬 굴리기를 처음 접한 날을 잊을 수가 없습니다. 데스모스를 처음 알게된 후 밤새도록 여러 액티비티를 구경하며 재미를 느꼈고, '수학교사는 데스모스를 반드시 사용해야한다.' 라고 생각하였습니다. 수업을 하고 나면 항상 무언가 부족하다고 생각했는데, 데스모스를 이용하며 많은 부분이 해결되었습니다. 다른 선생님들께서도 데스모스를 이용하여 이런 고민들이 해결되었으면 좋겠습니다. 또한 이 책을 통해 데스모스를 조금 더 깊이 알아가는 시간이 되시길 바랍니다.

상당중학교 조현일

살아있는 생명체처럼 수학도 수학교육도 나날이 변화하고 진화합니다. 그런 이유로 가만히 앉아 떠먹여주는 수업은 더이상 교사에게도 학생들에게도 즐거움을 주지 못합니다. 수업의 주체가 되어 참여하는 즐거움. 마음껏 실수하며 배워가는 짜릿함. 참된 배움을 추구하는 교사와 학생에게 데스모스는 한줄기 빛이 될 수 있습니다. 한 번도 못 써본 사람은 있지만 한 번만 써본 사람은 없다는 데스모스! 그 진가를 알고 더 깊이 연구하고자 하는 분들에게 이 책이 큰 지침서가 되리라 생각합니다.

광저우한국학교 문태선

학생들이 직접 체험해보고 조작해 볼 수 있는 도구가 많이 있지만 데스모스처럼 다양한 도구가 포함되어 수업의 시작부터 마무리까지 모두 가능한 경우는 보지 못했던 것 같습니다. 데스모스는 컴퓨터가 아니더라도 스마트 폰, 테블릿 등으로도 쉽게 접근할 수 있으며 앱 또는 프로그램을 설치하지 않고도 사용 가능하여 간단한 사용 방법을 알고 나니 정말 유용하게 수업에 사용할 수 있었습니다. 데스모스에 사용되는 명령어들을 알게 된다면 고급 기술이 사용된 액티비티들을 내 수업에 맞게 수정하거나 또는 원하는 기술을 구현해 내는 것이 가능해집니다. 이 책이 데스모스를 사용해서 수업을 하시는 분들에게 도움이 될 수 있길 바랍니다.

반송중학교 문혜령

<차례>

I. desmos 명령어 기본적인 사용법

1. 슬라이드 복사하여 붙이기 ·· 12
2. 검색한 그래프 액티비티 안에 삽입하기 ································ 13
3. 이모지 넣는 방법 ·· 14
4. 수식 입력하기 ··· 15
5. 일반 구문 이해하기 ·· 17

II. desmos 명령어 100개 익히기

<1권>

1. aggregate (집계하기) ···
2. allowEraser (지우개 사용 가능 여부) ··································
3. animationDuration (재생 길이) ··
4. animationTime (현재 재생 시간) ··
5. availableColors (사용 가능한 색상) ·····································
6. background (배경) ··
7. bounds (경계) ··
8. calculatorState (그래프, 그림판 상태 나타내기) ················
9. capture (캡처하기) ··
10. cellContent (셀 내용) ···
11. cellDisableEvaluation (셀 값 계산하지 않기) ··················
12. cellEditable (셀 입력 가능 여부) ······································
13. cellErrorMessage (셀 에러 메시지) ··································

14. cellHasFocus (셀 입력 시 돋보이게 하기) ···

15. cellNumericValue (셀 숫자 값) ···

16. cellSuffix (셀 접미사) ···

17. choiceContent (객관식 내용 설정하기) ···

18. clearOnReset (답안 지우기) ··

19. columnNumericValues (표의 열 숫자 모음) ···

20. content (메모) ···

21. correct (정답 확인) ···

22. coverText (커버 슬라이드) ···

23. coverButtonLabel (커버 슬라이드 버튼) ··

24. currentStroke (스케치 상황 표현) ··

25. currentX (그림판 마우스의 위치 표시) ··

26. currentY (그림판 마우스의 위치 표시) ··

27. disableEvaluation (계산 비활성화) ··

28. disableCalculatorReason (계산기 아이콘 비활성화) ··

29. disabled (버튼 비활성화) ···

30. disableRowChanges (표의 행추가 비활성화) ··

31. disableSketch (그림판 비활성화) ··

32. errorMessage (에러 메시지 알림) ··

33. explainContent (답변 내용 화면 자동 복사) ··

34. explainPrompt (답안선택의 설명요청 문장) ···

35. firstDefinedValue (초기값 설정하기) ··

36. function (함수) ···

37. graphLayer (그래프 배경으로 불러오기) ···

38. hidden (숨기기) ···
39. hideSketch (스케치 숨기기) ··
40. history (누적해서 보여주기) ··
41. initialCellContent (표 안에 초기값 넣기) ·······················
42. initialColor (그림판 초기 색 정하기) ·······························
43. initialLatex (초기 수식 설정하기) ······································
44. initialOrder (초기 정렬순서 정하기) ··································
45. initialText (초기 문구 정하기) ··
46. initialTool (스케치 초기 도구 설정) ··································
47. isAnimating (그래프 동영상 실행 중 인식) ··················
48. isSelected (보기 선택) ··
49. itemContent (목록내용 정하기) ······································
50. label (행동버튼 이름정하기) ··

< 2권 >

51. labelLatex (레이블로 수식 가져오기) ································ 22
52. labelNumericValue (레이블의 숫자값 가져오기) ············· 24
53. labelText (레이블의 텍스트 가져오기) ······························ 26
54. lastValue (마지막 값 가져오기) ·· 28
55. latex (수식 가져오기) ·· 31
56. layerStack (화면겹치기) ·· 33
57. mergeSketches (스케치 합치기) ·· 35
58. length (리스트 길이) ·· 36
59. maxRow (표의 입력 제한) ·· 38

60. matchesKey (정답 확인) ·· 40

61. number (숫자 가져오기) ·· 42

62. numberList (숫자리스트 가져오기) ·· 45

63. numericValue (숫자값으로 정하기) ·· 47

64. order (정렬의 순서 가져오기) ··· 49

65. parseEquation (방정식으로 인식하기) ·· 52

66. parseOrderedPair (순서쌍으로 인식하기) ·· 54

67. pointLabel (점의 레이블 정하기) ·· 56

68. pressCount (행동 버튼 누른 횟수) ··· 58

69. prompt (체크박스에서 도움말 편집하기) ·· 60

70. randomGenerator (난수 생성) ·· 62

71. readOnly (읽음 처리 하기) ··· 64

72. resetAnimationOnChange (애니메이션 초기화하기) ························ 67

73. resetLabel (reset버튼 이름 붙이기) ··· 69

74. resetOnChange (효과의 초기화) ·· 72

75. resetStyle (reset버튼 스타일 설정하기) ·· 77

76. saveOnChange (그래프 상태 저장하기) ·· 78

77. showExplain (특정 답변에서 설명하기 상자 보이기) ···················· 82

78. showPeerResponses (수식입력란에서 친구의 답변 보기) ·············· 85

79. showSubmitButton (제출 버튼 만들거나 삭제하기) ························ 88

80. simpleFunction (함수로 인식) ·· 91

81. sketch (그리기) ··· 94

82. sketchLayer (그림 쌓기) ·· 94

83. smartStrokeJoining (선 연결) ·· 96

84. submitCount (제출 횟수) ·· 98

85. submitDisabled (제출버튼 비활성화하기) ····················· 101

86. submitLabel (제출버튼 이름 바꾸기) ···························· 103

87. submitted (제출버튼 클릭 인식) ···································· 105

88. subtitle (부제목 만들기) ·· 109

89. suffix (접미사 만들기) ··· 111

90. textAtIndex (정렬리스트 목록 내용 불러오기) ············ 112

91. time (동영상의 시간) ··· 114

92. timeSincePress (버튼클릭 후 흐른시간) ······················· 117

93. timeSinceSubmit (제출버튼 클릭 후 흐른시간) ············ 120

94. title (제목) ·· 124

95. totalCards (카드의 총갯수) ··· 126

96. totalCorrectCards (잘 매칭된 카드 개수) ···················· 127

97. trace (그래프 추적하기) ·· 129

98. warning (경고하기) ··· 131

99. xAxisLable (좌표축 이름정하기) ·································· 134

100. yAxisLable (좌표축 이름정하기) ································ 134

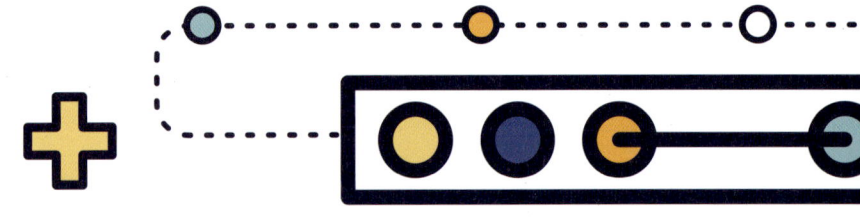

1장 desmos 명령어 기본적인 사용법

1. 슬라이드 복사하여 붙이기

데스모스 액티비티를 처음부터 끝까지 모두 제작하려면 시간과 노력이 많이 든다. 그래서 인터넷을 통해 적당한 액티비티를 검색하여 사용하는 경우가 많다. 그런데 찾은 액티비티 중 일부 슬라이드만 사용하고 싶다면 어떻게 하면 좋을까?

① 복사 및 편집 클릭하기

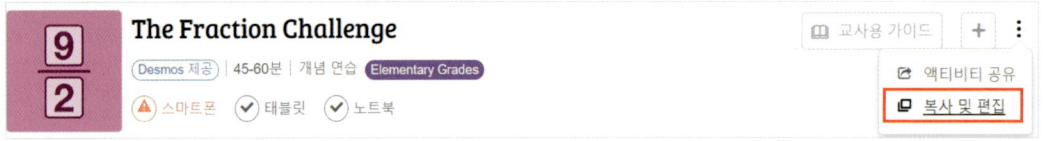

② 마음에 드는 슬라이드 클릭 후 복사하기(Ctrl+C)

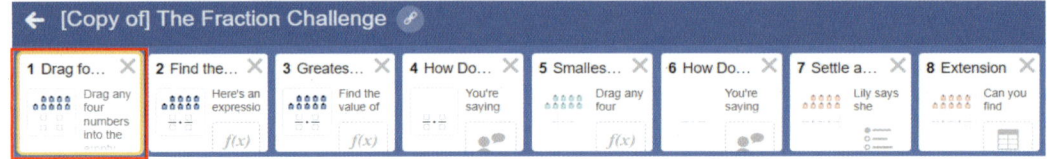

③ 커스텀 액티비티 생성 후 붙여넣기(Ctrl+V)

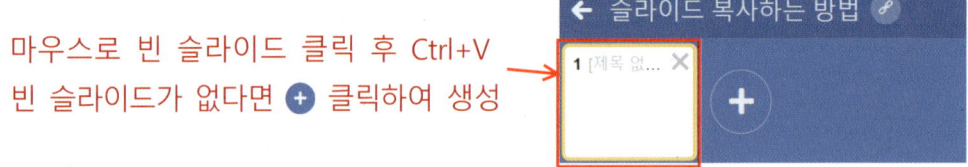

※ 슬라이드의 일부 구성요소를 삭제하는 방법: ··· 을 클릭하여 구성요소 삭제를 선택한다.

2. 검색한 그래프 액티비티 안에 삽입하기

역동적인 그래프를 활용하여 만들면 더욱 재미있는 액티비티를 만들 수 있다. 그런데 직접 처음부터 끝까지 그래프 수식을 모두 설계하려면 시간과 노력이 많이 들어 검색하여 만들어진 자료를 사용하는 것이 편리하다. 예를 들어 등비수열 단원에서 코흐눈송이를 소재로 액티비티를 제작하고 싶다면 아래처럼 검색하여 자료를 찾고, 가져올 수 있다.

① **구글에서** koch snowflake desmos**를 검색한다.**

② **우측 상단의** 🔗 **와** 복사 **를 순서대로 클릭한다.**

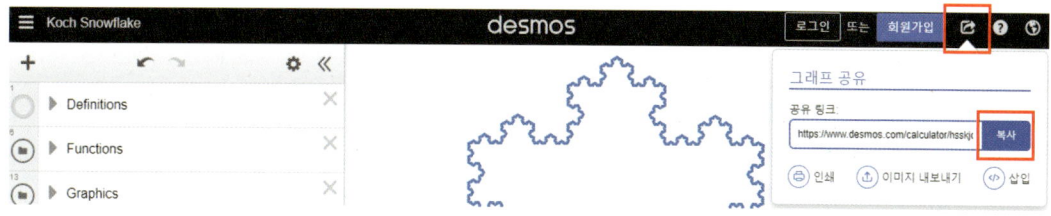

※ 상단의 그래프 주소를 복사(Ctrl+C)해도 상관없다.

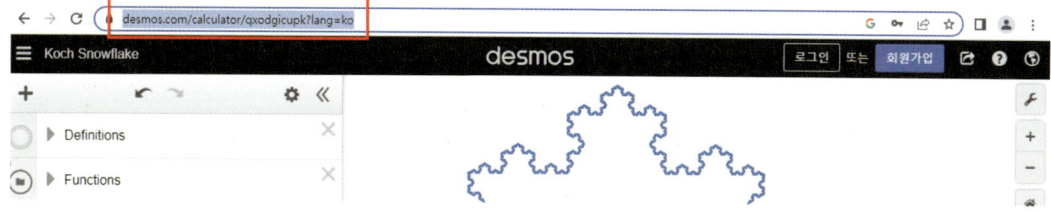

③ **커스텀 액티비티의 빈 슬라이드에 그래프 구성 요소를 넣고 그래프 편집을 눌러 빈 수식입력 창에 마우스 커서를 둔 후 붙여넣기**(Ctrl+V)**한다.**

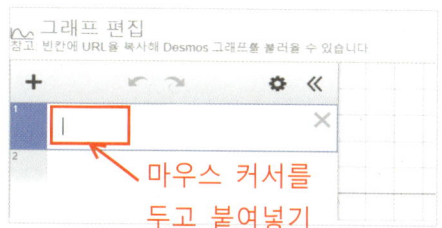

13

※ 그래핑계산기도 데스모스 계정으로 로그인 할 수 있다. 그러면 검색한 그래프를 자신의 자료로 저장하여 사용할 수 있게 된다.

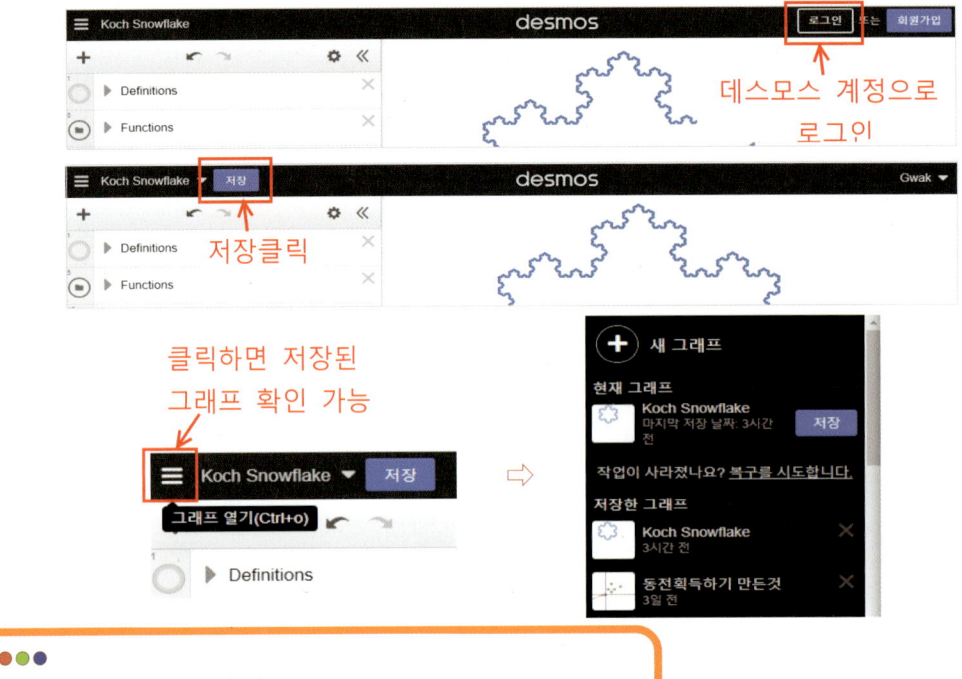

3. 이모지 넣는 방법

이모지는 일본에서 개발된 전자처리 그림문자 및 그 기술을 말한다. 데스모스 그래프의 레이블, 텍스트 입력란, 메모 등 원하는 곳에 귀여운 이모지를 넣는 방법은 다음과 같다.

① 원하는 위치에 커서를 두고 마우스 오른쪽 버튼을 클릭한다.
② 그림 이모티콘을 클릭하고 원하는 이모지를 선택한다.

※ 단축키 ⊞(윈도우) + 마침표 를 눌러 이모지 입력모드로 전환할 수도 있다.

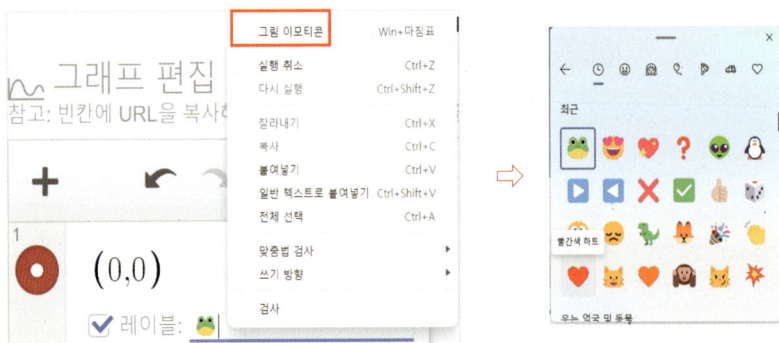

4. 수식 입력하기

① 각 구성요소에 수식 입력하기

정렬리스트, 메모, 표, 객관식/체크박스, 텍스트입력란 등에서 수식을 입력하고 싶을 때 수식입력 버튼을 클릭해도 괜찮지만 단축키로 빠르게 수식입력모드로 전환할 수도 있다.

각 구성요소의 원하는 부분에 마우스를 두고 ` 를 클릭하면 수식을 입력할 수 있다.

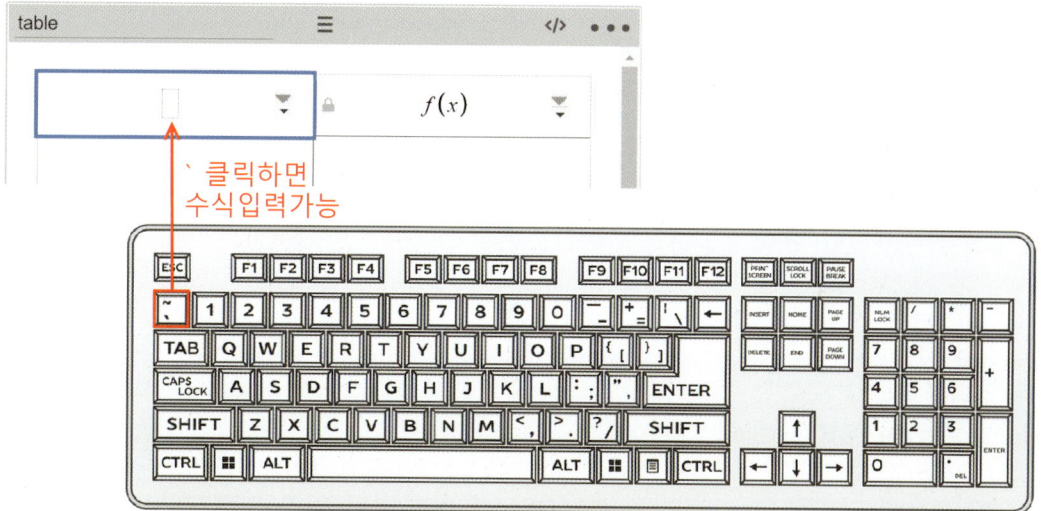

② 그래프 레이블에 수식입력하기

그래프 화면에 $y = x^2$과 같은 수식이 보이게 하고 싶을 때 레이블에 그 식을 입력하면 된다. 이때 y=x^2만 쓰면 안되고 `y=x^2`와 같이 `로 양쪽에서 감싸줘야 한다.

③ 스크립트 편집창에 수식 입력하기

원하는 수식을 스크립트 편집창에 입력할 때 직접 작성하는 것보다 그래핑계산기나 수식입력에서 복사(Ctrl+C)해서 붙여넣기(Ctrl+V)하는 것이 간단하다. 예를들어, 입력한 a, b, c 값에 의해 결정되는 숫자 $\frac{b}{a}+\sqrt{c}$ 가 화면 메모에 나타나게 하려면 어떻게 해야 할까?

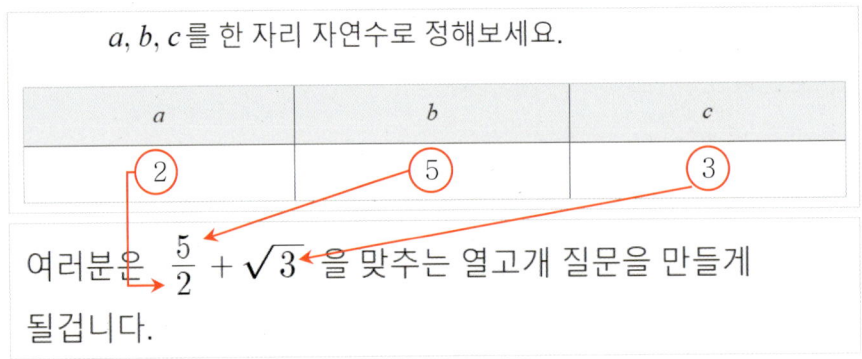

⟨구현하고자 하는 스크린⟩

아래와 같은 순서로 입력하면 된다.

▸ 방법 ①(메모 등의 구성요소에 수식입력하기) 또는 그래프 수식입력창에서 수식을 입력한 후 복사(Ctrl+C)한다.

▸ 메모 스크립트 편집창을 열고 붙여넣기(Ctrl+V)한다.

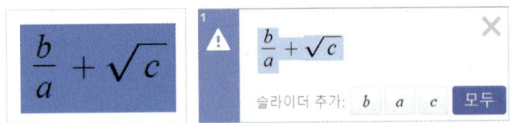

```
1 content: `\frac{b}{a}+\sqrt{c}`
```

※ table 표에 입력한 값을 불러와 즉시 반영되게 하려면 뒷장에 설명하는 일반 구문 5.4를 참고하여 다음과 같이 입력한다.

```
1 a=table.cellContent(1,1)
2 b=table.cellContent(1,2)
3 c=table.cellContent(1,3)
4 d=`\frac{${b}}{${a}}+\sqrt{${c}}`
```

> 일반 구문에 대한 예시 액티비티는 오른쪽 QR코드에 저장되어 있습니다.

5. 일반 구문 이해하기

데스모스 CL을 잘 사용하기 위해 싱크(Sinks), 변수(Variables), 소스(Sources)에 대한 기본적인 이해가 필수적이다.

1) 싱크(Sinks)

싱크는 색깔이 녹색(teal)이며 뒤에 콜론(:)을 사용하는 명령어이다. 즉 콜론 뒤의 내용을 싱크 명령어를 통해 구성요소의 해당 위치에 불러들인다.

① 메모에서 사용한 예시

오른쪽 메모 스크립트 편집창에 쓰인 명령어 content의 역할이 싱크이며 "안녕! 난 CL이야!"라는 문장이 메모장에 나타난다. 액티비티 제작페이지의 메모란에 어떤 문장을 입력하든 체험화면은 명령어를 통해 불러들인 값으로 재정의된다.

② 그래프에서 사용한 예시

오른쪽 그래프 스크립트 편집창의 명령어 number의 역할도 싱크이다. 그래프의 안의 변수 m, b를 어떠한 값으로 설정하더라도 체험화면에는 1.5와 2로 재정의 된다.

2) 변수(Variables)

스크립트 편집창에 검은색으로 쓰여있으며 뒤에 =이 오는 문자가 변수로 인식된다. 변수는 임의의 영문자와 숫자를 조합하여 만들 수 있다.

예를 들어 아래 메모 스크립트 편집창에 적힌 we는 "안녕! 우리는 지구의 환경을 반드시 보호해야해"라는 문구가 저장된 변수이다. 이렇게 긴 문장을 여러 번 반복 사용하고 싶을 때 이 문장 대신 we를 불러올 수 있어 편리하다.

※ 오른쪽 스크립트에서 첫 번째 행의 content는 변수이고 두 번째 행의 content는 싱크 명령어이다. 변수를 만들면 변수 입력이 필요한 위치에 저절로 변수완성 기능이 생성된다.

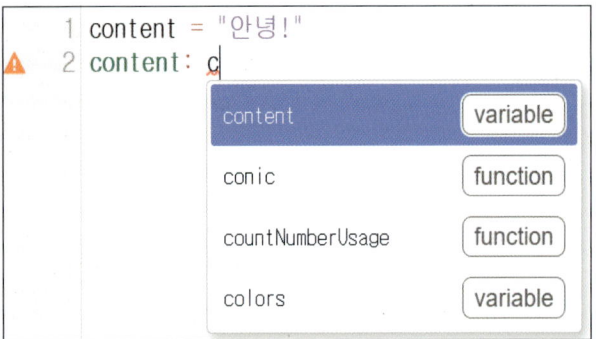

※ 만약 이름이 memo인 메모스크립트 편집창의 we라는 변수로 저장된 문장 "안녕! 우리는 지구의 환경을 반드시 보호해야해"를 다른 메모장에 나타나게 하고 싶다면 아래와 같이 script 명령어로 불러올 수 있다.

3) 소스(Sources)

역할이 소스인 명령어는 학생이 입력하거나 수행한 작업에서 추출한 값을 불러올 수 있게 한다. 예를 들어 아래 스크립트는 그래프 안의 변수 b는 이름이 btn1인 행동버튼의 클릭횟수를 소스로 받아와서 저장하겠다는 뜻이다. "구성요소의 이름 . 소스 명령어" 순서로 입력한다.

※ 오른쪽 스크립트에서 녹색 number의 역할은 싱크이고 검은색 number는 소스이다. 자신의 구성요소에서 소스로 불러올 때에는 구성요소 이름 대신 this를 쓸 수 있다. 스크립트 내용은 그래프 안의 변수 a가 이 그래프 안의 다른 변수 b값을 소스로 하여 정의된다는 뜻이다.

4) ${ } 사용법

입력한 값을 저장한 변수를 메모나 그래프, 레이블 등에 연동하여 나타나게 하고 싶다면 ${ } 안에 그 변수를 적으면 된다.

아래 스크립트의 뜻은 다음과 같다.

1행: 이름이 input인 수식입력란에 체험자가 적은 숫자연산식을 변수 n으로 저장한다.
2행: 이름이 input인 수식입력란에 체험자가 적은 연산식의 계산값을 변수 v로 저장한다.
3행~4행: 메모의 문구에 n과 v가 즉시 반영되어 나타나게 한다.

```
1 n = input.latex
2 v = input.numericValue
3 content: "여러분이 입력한 숫자 연산: ${n}
4 계산한 값: ${v}"
```

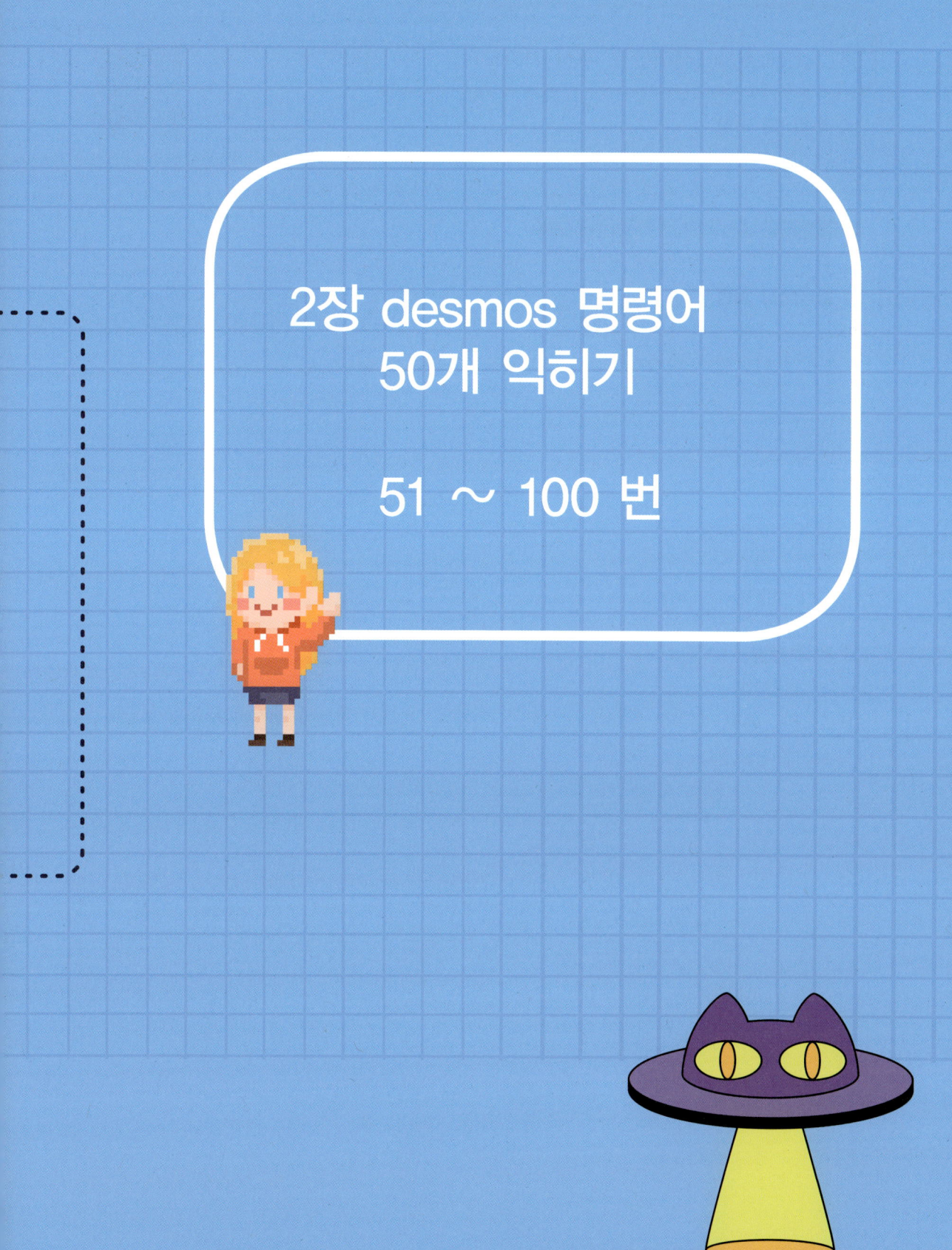

51. labelLatex (레이블로 수식 가져오기)

1) 명령어의 역할
labelLatex은 그래프나 그림판의 점의 레이블로 수식(Latex)을 가져올 수 있게 하는 명령어이다. 가져온 점의 레이블을 메모에서 보여줄 수도 있다.
사용 가능 구성요소: 그래프, 그림판

2) 활용예시 체험
QR코드의 1번 슬라이드를 열고 보기 버튼을 눌러보자. 그러면 해당하는 함수의 식과 그래프가 메모에 나타난다.

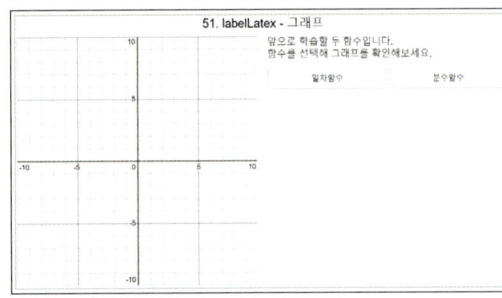 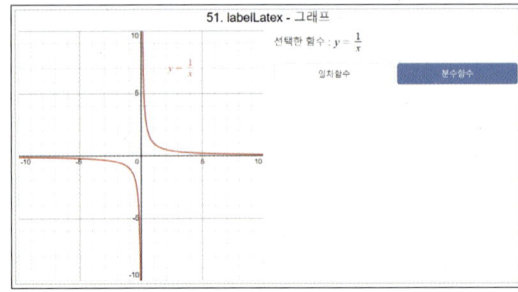

〈1번 슬라이드〉

3) 제작 방법
▶ 1번 슬라이드
① 그래프, 메모, 객관식 문제를 불러온다. 그래프, 객관식 문제의 이름과 객관식 문제의 보기를 입력한다.

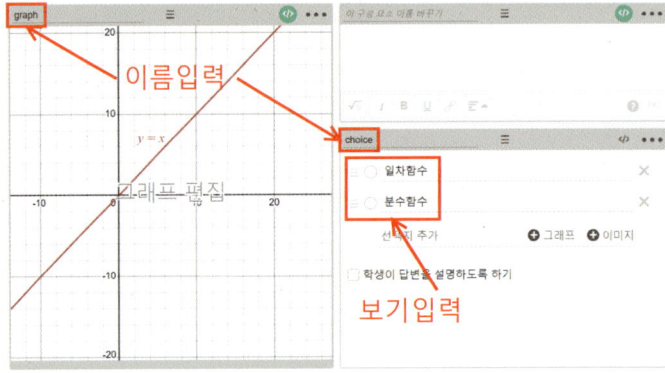

② 그래프 편집창을 열어 수식을 입력하고 그래프 스크립트 편집창에 명령어를 입력한다.

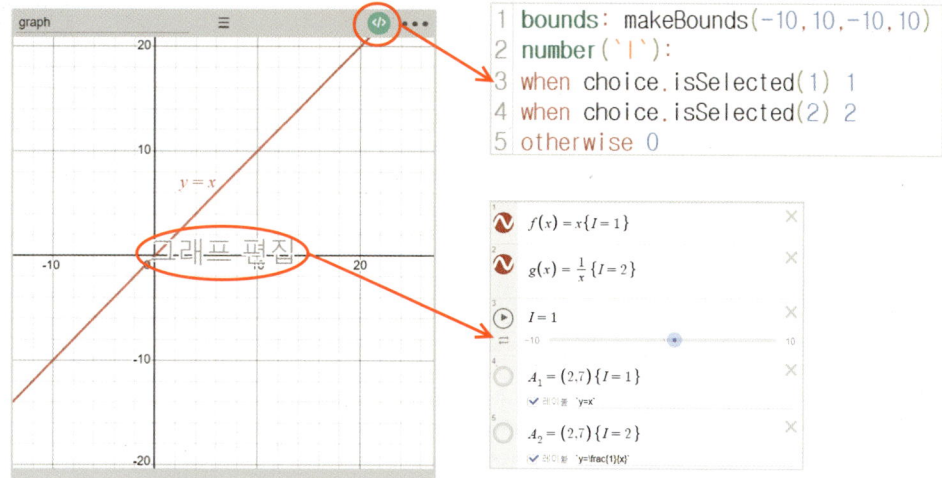

⇨ **수식 해석**: 함수나 점의 뒤에 $\{I=1\}$과 같이 입력하면 $I=1$일 때만 해당 내용이 정의된다는 의미이다.

⇨ **명령어 해석**

    1행: 그래프의 경계를 $-10 < x < 10, -10 < y < 10$ 으로 설정한다.

    2~5행: 그래프의 I의 값을 choice의 첫 번째를 선택하면 1, 두 번째를 선택하면 2, 나머지 경우에 0을 입력한다.

③ 메모 스크립트 편집창에 명령어를 입력한다.

```
1 content:
2 when choice.isSelected(1) "선택한 함수 : `${graph.labelLatex("A_1")}`"
3 when choice.isSelected(2) "선택한 함수 : `${graph.labelLatex("A_2")}`"
4 otherwise "앞으로 학습할 두 함수입니다.
5 함수를 선택해 그래프를 확인해보세요."
```

⇨ **명령어 해석**

    1~3행: choice에서 첫 번째 항목 선택 시 graph의 점 A_1의 레이블 수식을, 두 번째 항목을 선택시 점 A_2의 레이블 수식을 가져와 content를 구성한다.

    4행: 그 외에는 "앞으로 학습할 두~"가 나타난다.

52. labelNumericValue (레이블의 숫자값 가져오기)

1) 명령어의 역할
labelNumericValue은 그래프나 그림판의 점의 레이블(숫자값)을 가져오는 명령어이다. 가져온 점의 레이블(숫자값)을 보여주거나 크기를 비교하는데 활용할 수도 있다.
사용 가능 구성요소: 그래프, 그림판

2) 활용예시 체험
QR코드의 2번 슬라이드는 점의 위치를 통해 규칙을 찾는 과제가 제시되어 있다. 그래프의 동점을 움직여보자. 그러면 확인 옆에 ○, ×가 바뀜을 알 수 있다.

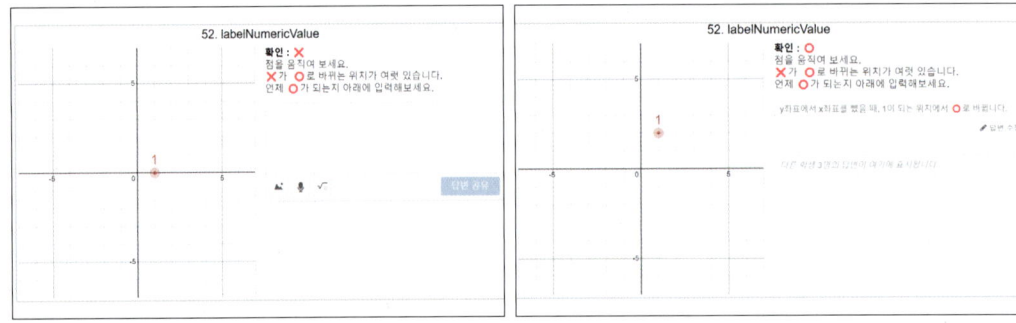

〈2번 슬라이드〉

3) 제작 방법
▶ 2번 슬라이드

① 그래프, 메모, 텍스트입력란을 불러오고 이름과 메모의 내용을 입력한다.

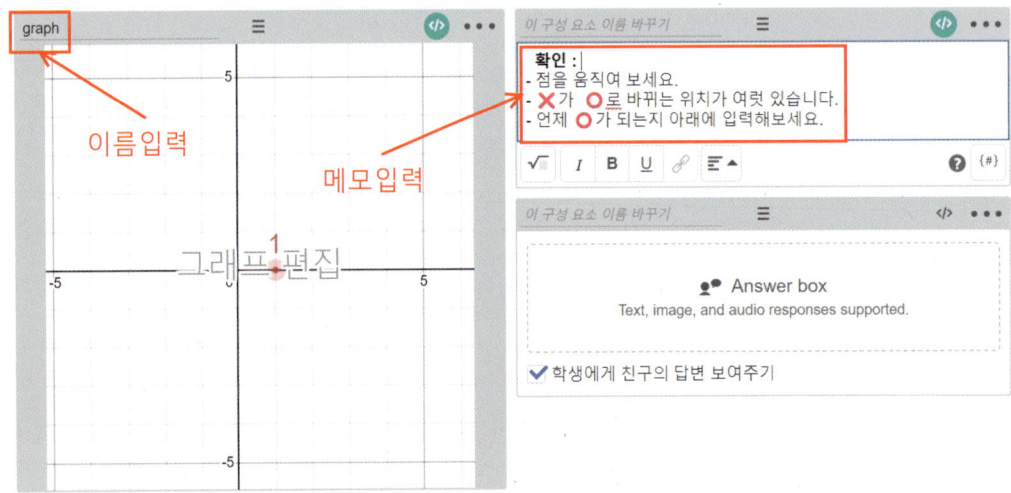

24   desmos 명령어 50개 익히기

② 그래프 편집창을 열어 수식을 입력하고 그래프 스크립트 편집창에 명령어를 입력한다.

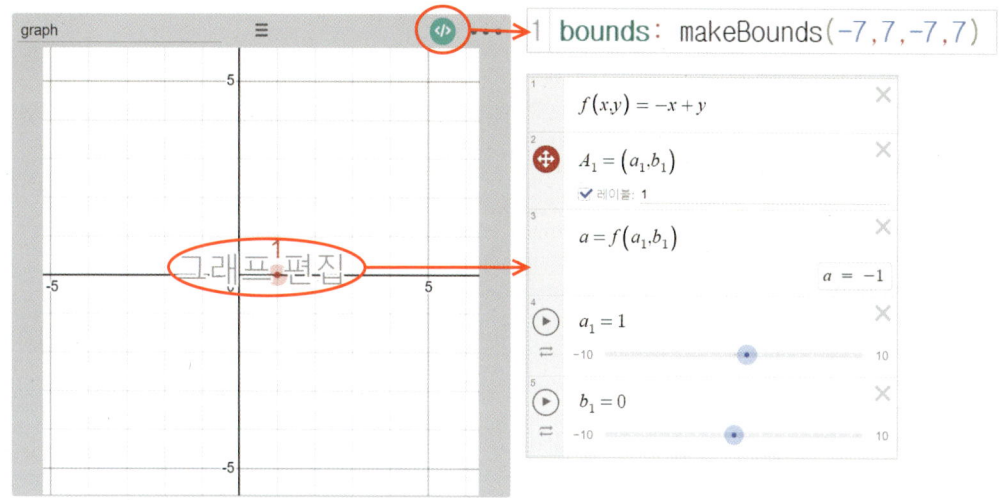

⇨ **수식 해석**: 과제의 규칙인 $f(x,y) = -x+y$를 입력하고 점 A_1에 레이블에 1을 입력한다. a는 A_1의 좌표에 따른 $f(x,y)$의 값으로 설정한다.

⇨ **명령어 해석**

그래프의 경계를 $-7 < x < 7, -7 < y < 7$ 로 설정한다.

③ 메모 스크립트 편집창에서 명령어를 입력하고 메모에 변수 a를 입력한다.

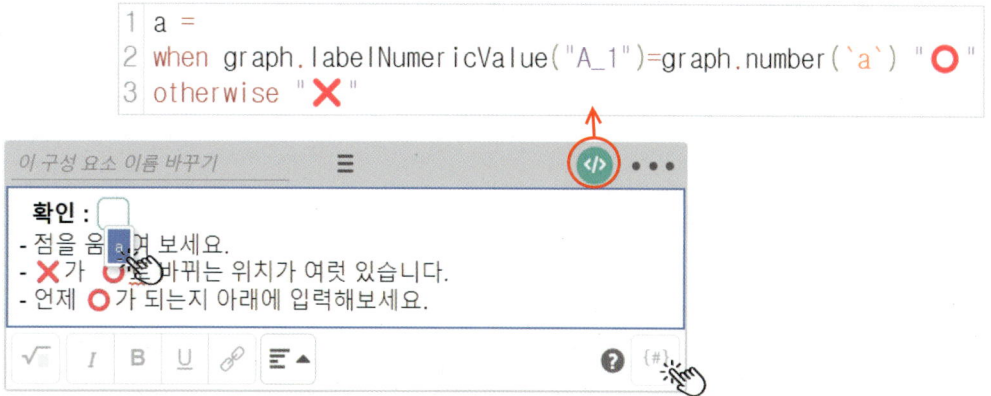

⇨ **명령어 해석**

a의 값이 graph의 점 A_1의 레이블에 입력된 수와 그래프의 a와 같으면 ⭕, 그렇지 않으면 ❌가 되도록 한다.

53. labelText (레이블의 텍스트 가져오기)

1) 명령어의 역할
labelText는 그래프나 그림판의 점의 레이블(텍스트)을 가져오는 명령어이다. 가져온 점의 레이블(텍스트)을 메모에서 보여줄 수 있다.
사용 가능 구성요소: 그래프, 그림판

2) 활용예시 체험
QR코드의 3번 슬라이드를 열어 수식입력란에 P의 좌표를 입력해보자. 그러면 그래프에 점 P가 나타나고 메모에서 점 P보다 오른쪽에 있는 점이 나타난다. 메모에 P보다 오른쪽에 있는 점을 나타낼 때, labelText 명령어를 사용한다.

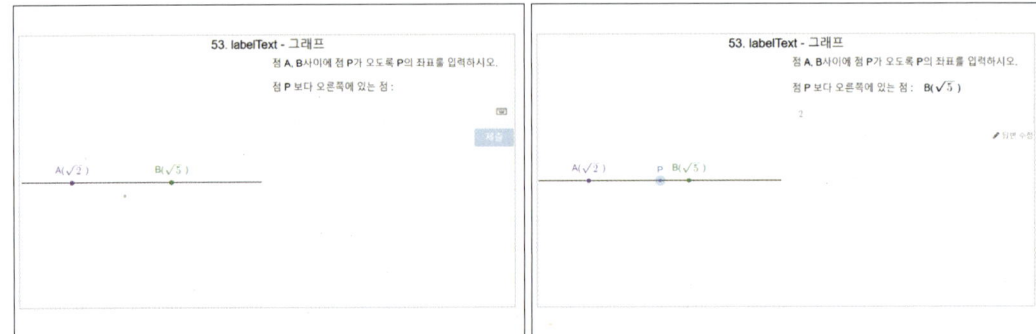

〈3번 슬라이드〉

3) 제작 방법
▶ 3번 슬라이드

① 그래프, 메모, 수식입력란을 불러오고 그래프, 수식입력란의 이름과 메모의 내용을 입력한다.

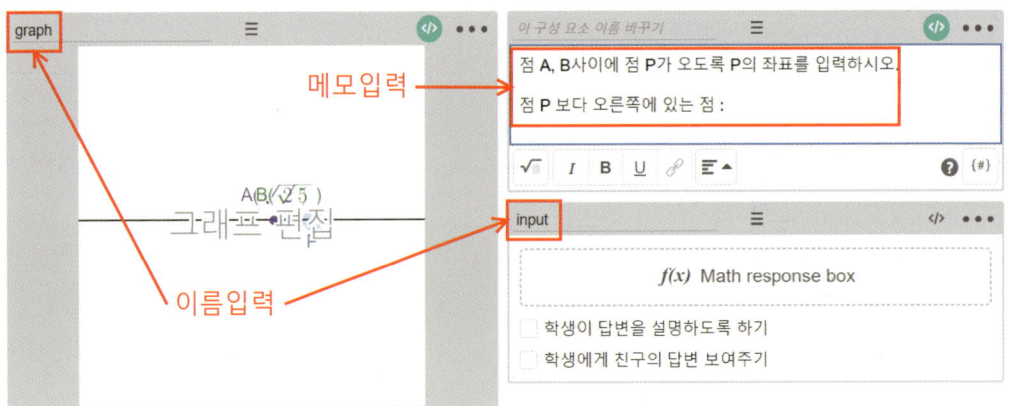

② 그래프 편집창을 열어 수식을 입력하고 그래프 스크립트 편집창에 명령어를 입력한다.

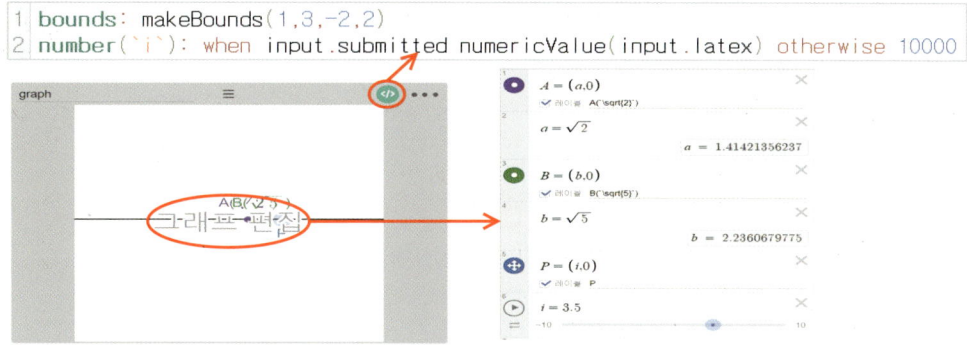

⇨ 명령어 해석

1행: 그래프의 그래프의 경계를 $1 < x < 3, -2 < y < 2$ 로 설정한다.

2행: 그래프의 i의 값을 input에 제출되었을 때, input에 입력된 값을 가져오고 그렇지 않을 경우 10000으로 한다. 기본값을 10000으로 정한 이유는 큰값으로 설정하여 그래프에서 보이지 않게 하기 위해서이다.

③ 메모의 문구와 변수 a, b를 순서대로 입력하고 메모 스크립트 편집창에 명령어를 입력한다.

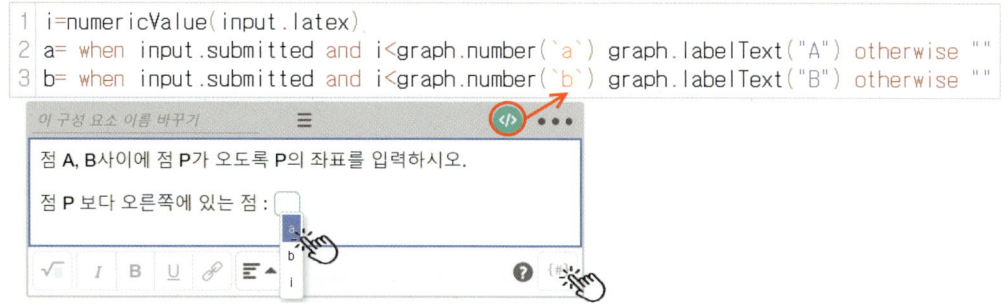

⇨ 명령어 해석

1행: input에 입력된 숫자값을 i로 한다.

2행: a는 input에 수가 입력되고, 입력된 i의 값보다 graph의 a 값이 크면 graph의 점 A의 레이블(텍스트)로 하고 그렇지 않은 경우는 ""(공백)으로 한다.

3행: 2행과 같은 방법

※ 4번 슬라이드는 labelText, labelLatex, labelNumericValue의 명령어를 비교해서 확인할 수 있다. labelText는 레이블에 있는 내용을 그대로 모두 가져올 수 있지만 labelLatex는 수식이 아닌 경우는 가져올 수 없다.

54. lastValue (마지막 값 가져오기)

1) 명령어의 역할

lastValue는 그래프나 그림판의 점의 좌표, 수식입력란에 입력된 값 등 capture로 기록된 값들 중 가장 마지막 값을 가져온다.
사용 가능 구성요소: 행동 버튼, 수식 입력란

2) 활용예시 체험

① QR코드의 5번 슬라이드를 열어 빨간색 동점을 이동시키고 점찍기 버튼을 눌러 보자. 그러면 빨간색 점의 위치에 보라색 점이 찍히는 것을 확인할 수 있다.

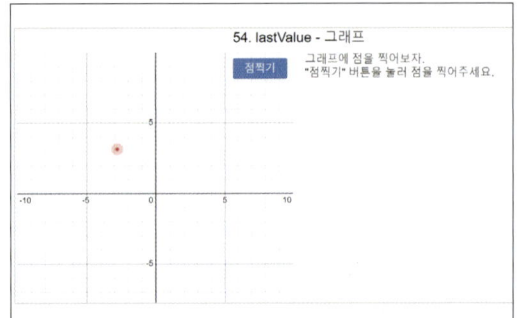 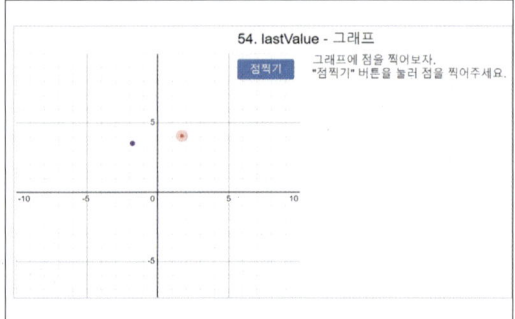

〈5번 슬라이드〉

② 6번 슬라이드의 수식입력란에는 x의 값을 입력하고 제출 버튼을 눌러보자. 그러면 입력한 값을 x좌표로 하는 그래프 위의 점이 나타난다. 너무 큰 값을 입력하면 '입력한 값은 그래프에서 보이지 않습니다.'라는 문구를 보여준다.

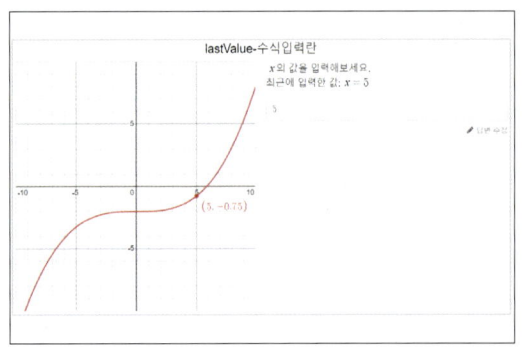 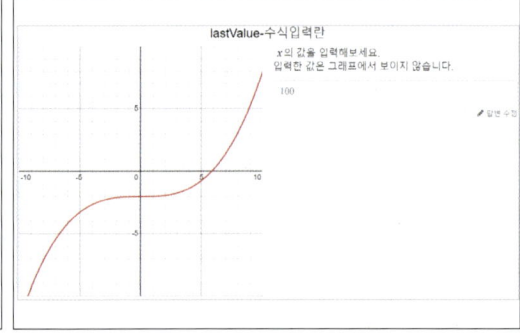

〈6번 슬라이드〉

3) 제작 방법

▶ 5번 슬라이드

① 그래프, 메모, 행동 버튼를 불러오고 그래프, 행동버튼의 이름, 메모의 내용, 행동 버튼에 버튼 레이블을 입력한다.

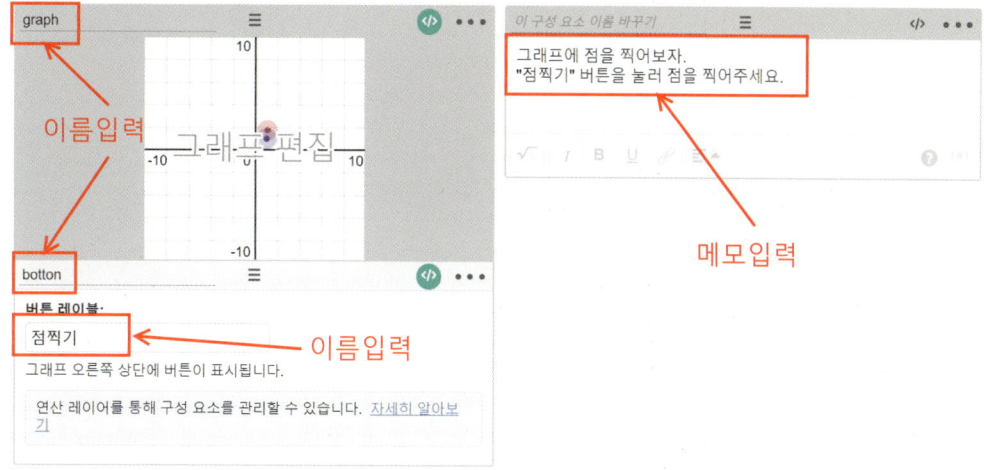

② 그래프 편집창을 열고 수식을 입력하고 그래프와 행동 버튼 스크립트 편집창에 명령어를 입력한다.

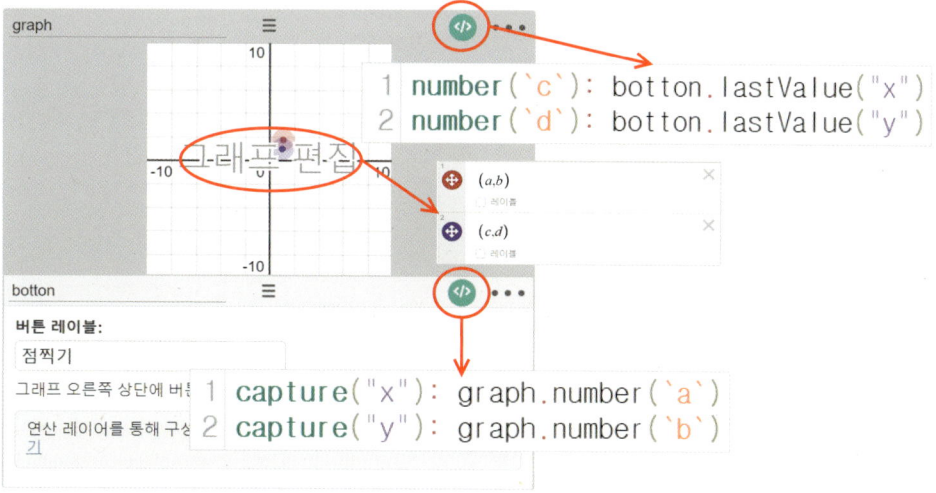

⇨ 명령어 해석(행동버튼)

버튼을 누르면 graph의 a, b의 값을 각각 x, y의 값으로 모아둔다.

⇨ 명령어 해석(그래프)

botton의 x, y값 중 가장 마지막 값을 그래프의 c, d의 값으로 하여 점을 나타낸다.

▶ 6번 슬라이드

① 그래프, 메모, 수식입력란을 불러오고 그래프, 수식입력란의 이름, 메모의 내용을 입력한다. 그래프 편집창을 열어 수식을 입력한다.

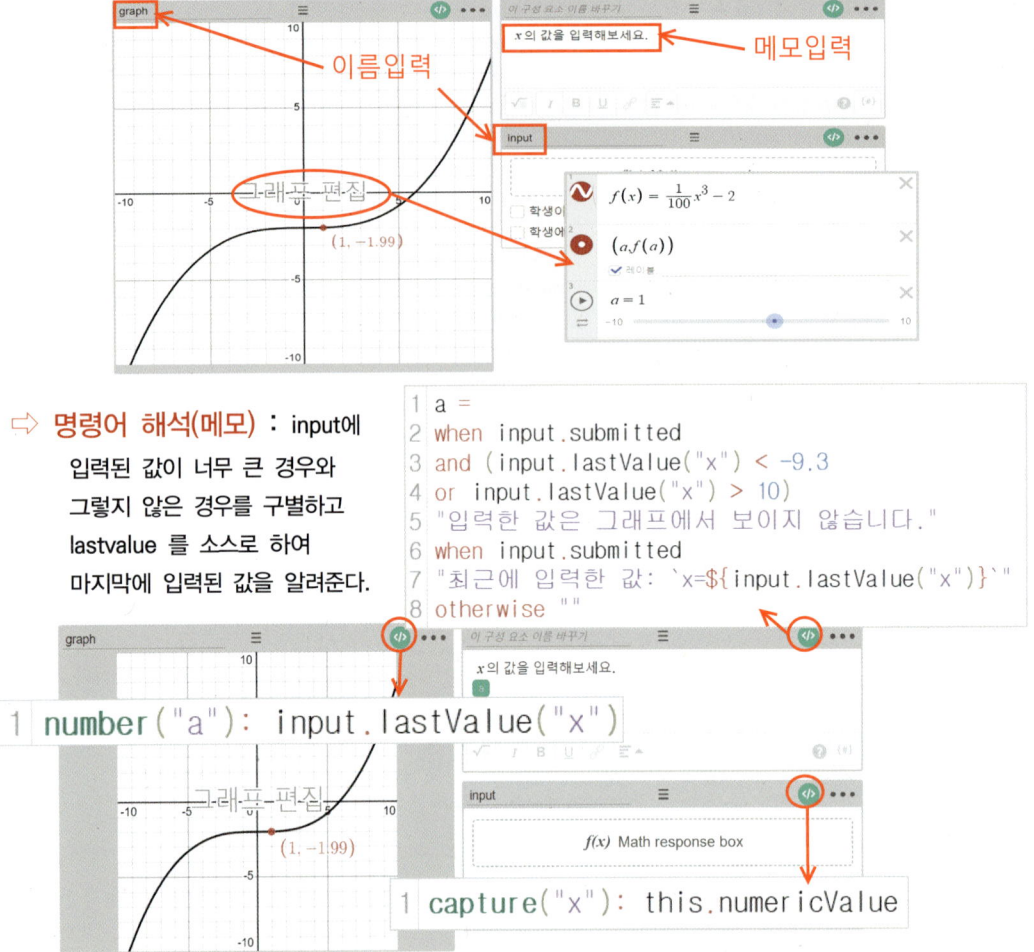

⇨ 명령어 해석(메모) : input에 입력된 값이 너무 큰 경우와 그렇지 않은 경우를 구별하고 lastvalue 를 소스로 하여 마지막에 입력된 값을 알려준다.

② 각 스크립트 편집창에 명령어를 입력한 후 메모에 [a]를 입력한다.

⇨ 명령어 해석(그래프)
input의 x에 마지막에 입력된 값을 graph의 a의 값으로 한다.

⇨ 명령어 해석(텍스트입력란): input에 입력된 수를 x에 모아둔다.

※ lastValue는 capture, history와 함께 사용된다. 여기서 capture는 값들을 모아두는 기능을 하고 history는 모아둔 값의 리스트이며 lastValue는 가장 마지막 값을 가져 온다고 생각하면 된다.

55. latex (수식 가져오기)

1) 명령어의 역할

latex는 수식입력란에 입력된 수식을 가져와 메모에 나타내거나 그래프에 함수를 나타내는 명령어이다.

사용 가능 구성요소: 수식입력란

2) 활용예시 체험

QR코드의 7번 슬라이드를 열어 수식입력란에 함수의 식을 입력해보자. 그러면 그래프화면에 해당 그래프가 나타나고 메모에 입력한 식도 나타난다.

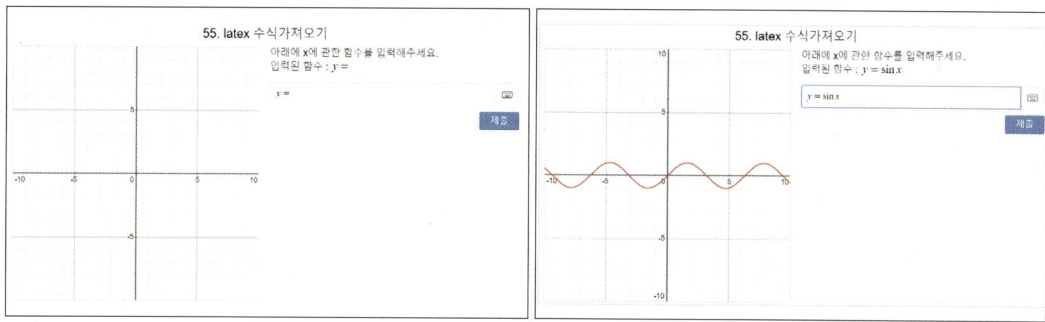

⟨7번 슬라이드⟩

3) 제작 방법

▶ 7번 슬라이드

① 그래프, 메모, 수식입력란을 불러오고 메모의 내용과 수식입력란의 이름을 입력한다.

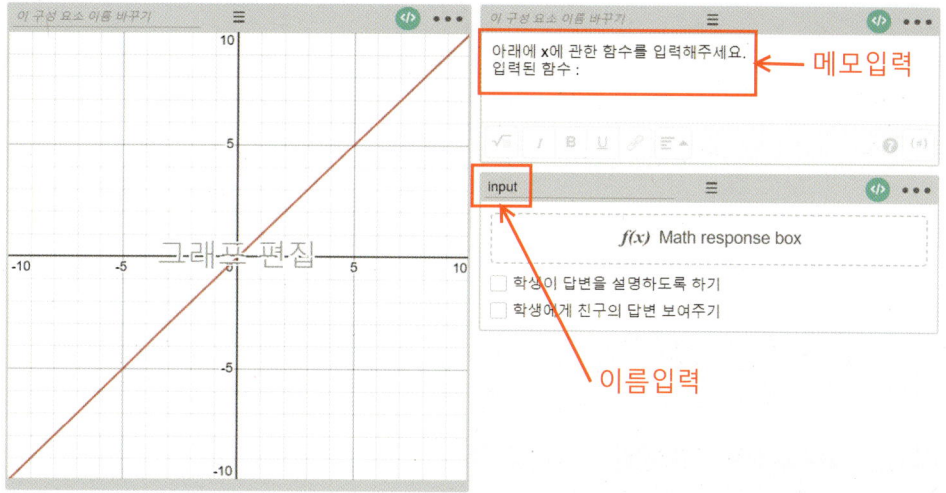

② 그래프 편집창을 열어 수식을 입력하고 그래프 스크립트 편집창에 명령어를 입력한다.

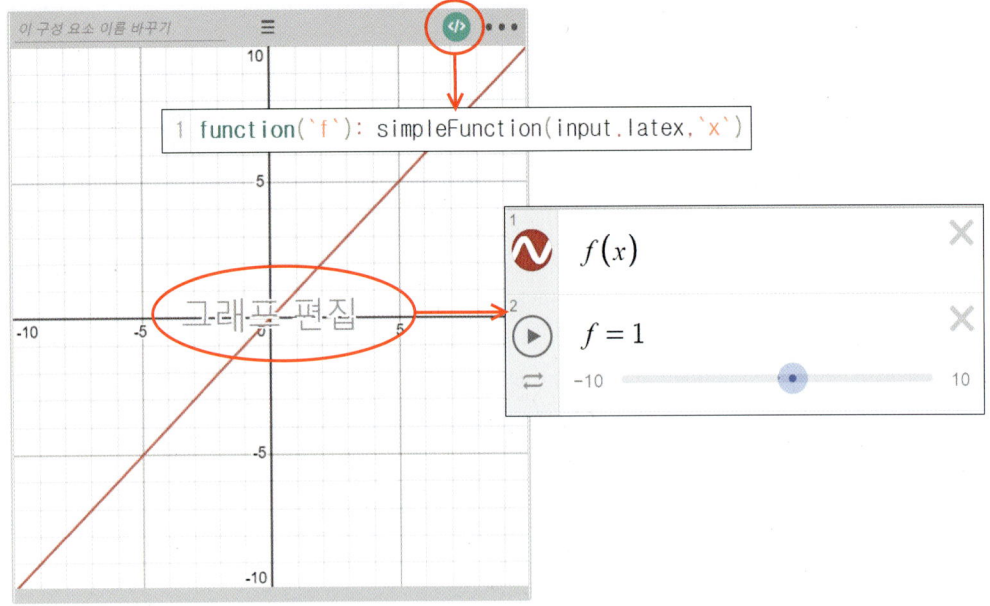

⇨ **수식 해석**: 함수 $f(x)$를 입력한다. $f(x) = x$와 같이 식을 입력하면 명령어가 정상적으로 작동하지 않으므로 $f(x)$만 입력한다.

⇨ **명령어 해석**: input에 입력된 x에 관한 식을 함수 $f(x)$의 식으로 한다.

③ 메모의 스크립트 편집창에 명령어를 입력하고 메모에 변수 **a**를 입력한다.

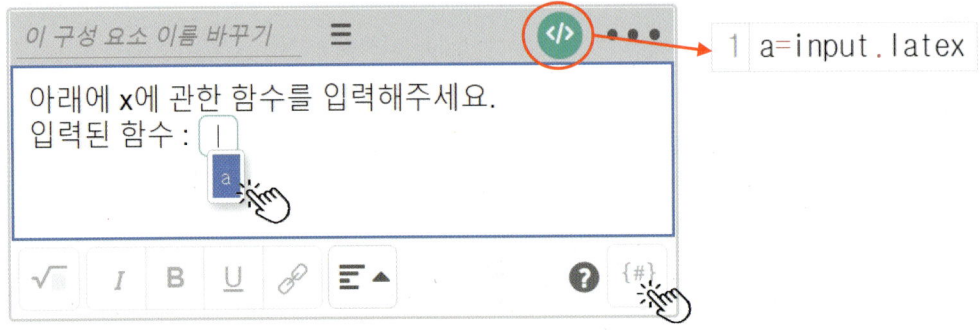

⇨ **명령어 해석**
    input(수식입력란)의 수식을 a라고 한다.

56. layerStack (화면 겹치기)

1) 명령어의 역할

layerStack은 2개 이상의 그래프 또는 그림판을 겹쳐서 나타낼 때 사용하는 명령어이다. (그래프 또는 그림판을 쌓아서 겹친다. '필름을 겹쳐서 본다.'라고 이해)

\# 사용 가능 구성요소: 그래프, 그림판

2) 활용예시 체험

QR코드의 8번 슬라이드를 열어 두 그림판에 모두 그림을 그려보자. 그리고 9번 슬라이드로 이동해 보면 앞장에서 그린 두 그림이 한 그림판에 합쳐져 있음을 알 수 있다.

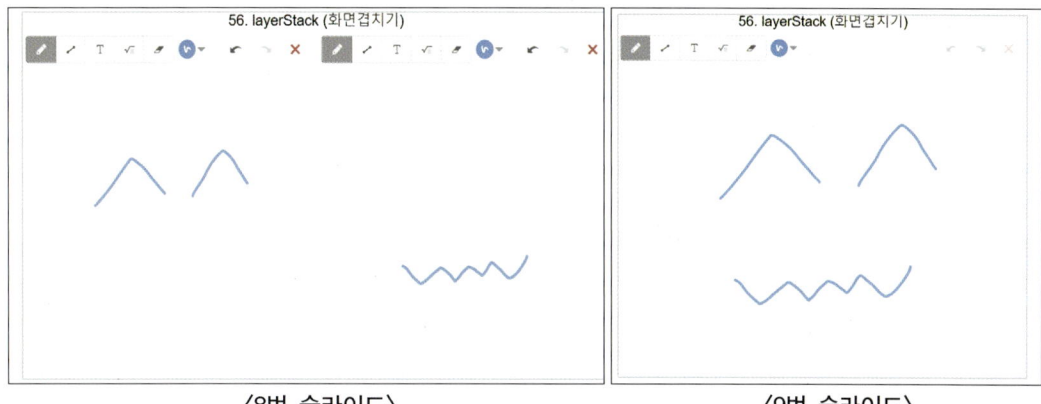

⟨8번 슬라이드⟩   ⟨9번 슬라이드⟩

3) 제작 방법

▶ 8번 슬라이드

① 그림판을 두 개(왼쪽, 오른쪽) 불러오고 그림판에 이름을 입력한다.

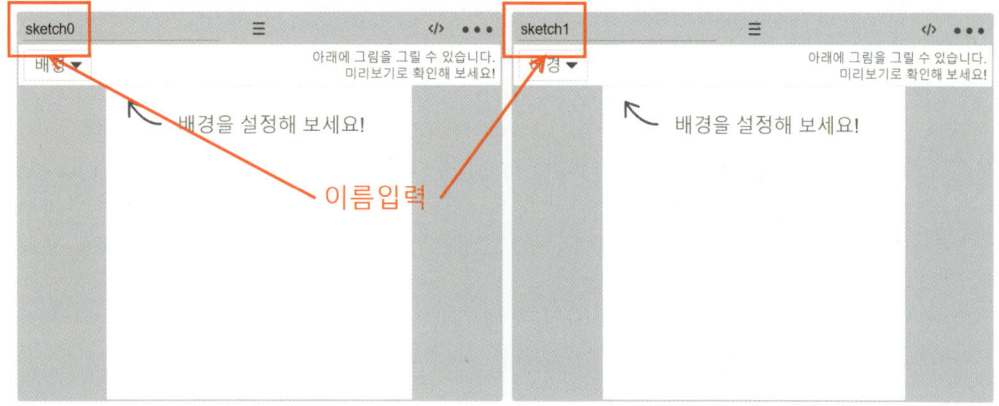

▶ 9번 슬라이드

② 그림판을 불러오고 그림판의 스크립트 편집창에 명령어를 입력한다.

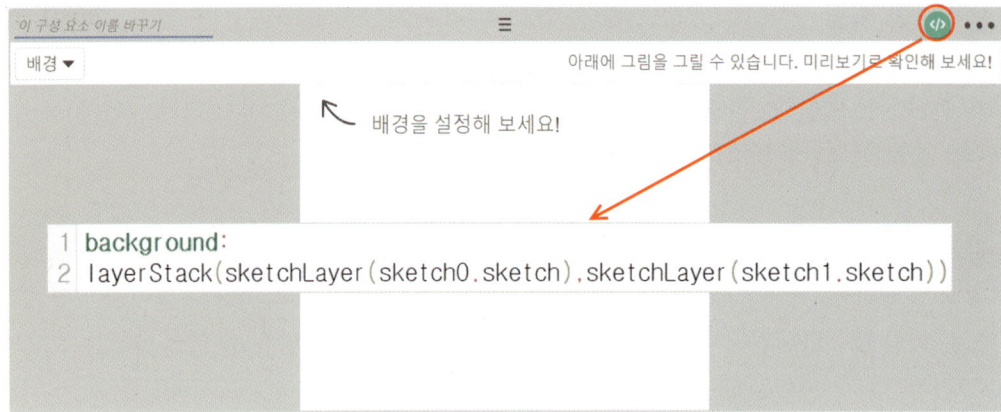

⇨ 명령어 해석

sketch0의 스케치와 sketch1의 스케치를 겹쳐서 배경으로 넣어준다.

※ sketchLayer와 graphLayer를 사용하면 그림판과 그래프도 겹쳐서 나타낼 수 있다.
   10, 11번 슬라이드 참고

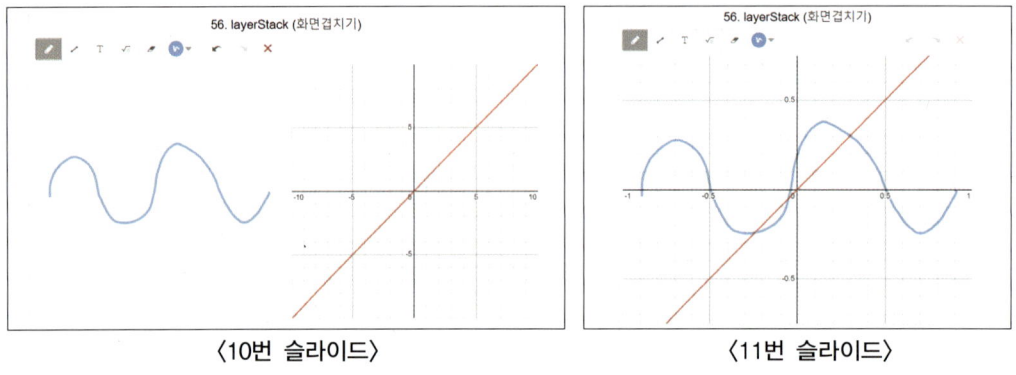

〈10번 슬라이드〉　　　　　　　　〈11번 슬라이드〉

57. mergeSketches (스케치 합치기)

1) 명령어의 역할

mergeSketches는 2개 이상의 스케치를 합쳐 하나의 스케치로 나타내어주는 명령어이다. 여러 개의 스케치를 한꺼번에 변환하고 싶을 때 mergeSketch를 사용하면 명령어의 길이를 줄여 간단히 표현할 수 있다.

사용 가능 구성요소: 그림판

2) 활용예시 체험

QR코드의 12번 슬라이드를 열고 왼쪽 그림판에 그림을 그려보자. 오른쪽 그림판에 왼쪽과 똑같은 그림이 실시간으로 나타난다.

〈12번 슬라이드〉

3) 제작 방법

▶ 12번 슬라이드

① 그림판 두 개를 불러오고 왼쪽 그림판에 이름을, 오른쪽 그림판의 스크립트 편집창에 명령어를 입력한다.

⇨ 명령어 해석

　　sketch의 스케치(sketch.sketch)와 sketch의 그려지고 있는 모습
　　(sketch.currentStroke))을 하나의 스케치로 만들고 이것을 배경화면으로 한다.

58. length (리스트 길이)

1) 명령어의 역할

length는 리스트의 길이(리스트 안에 들어있는 원소의 개수)를 나타낼 때 사용하는 명령어이다. 표의 열 리스트와 같이 리스트의 길이를 이용할 때 사용한다.

사용 가능 구성요소: 표, 메모, 그래프

2) 활용예시 체험

QR코드의 13번 슬라이드 그래프에는 특정한 함수가 저장되어 있다. 표에 엔터를 쳐서 4행까지 추가하여 x값을 입력해보자. 그러면 그 함수를 추측할 수 있는 점이 찍힐 것이다.

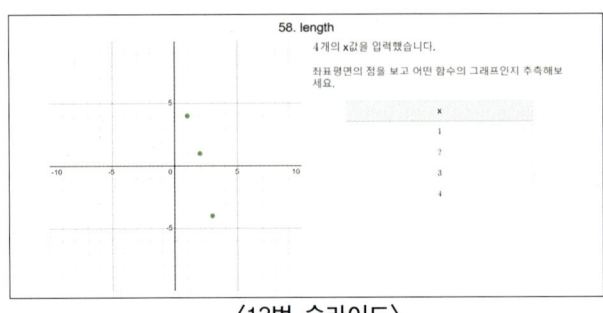

〈13번 슬라이드〉

3) 제작 방법

▶ 13번 슬라이드

① 그래프, 메모, 표를 불러오고 표에 이름을 입력한다. 표의 스크립트 편집창에 명령어를 입력한다.

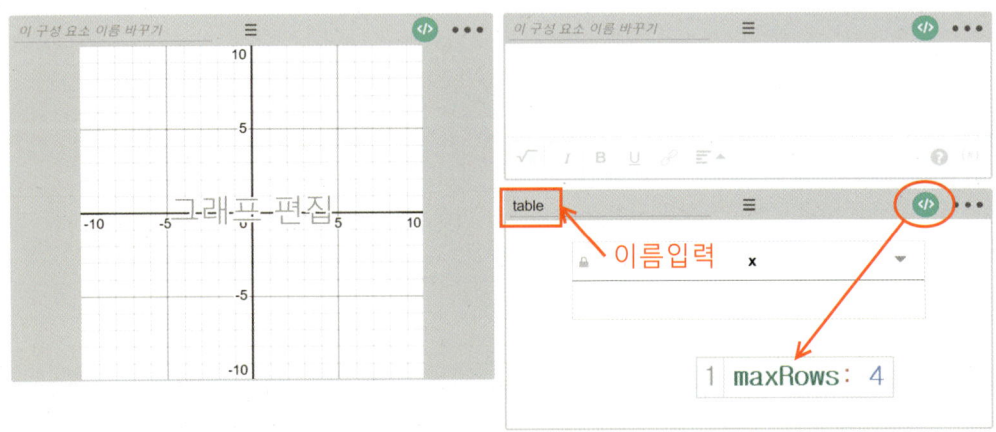

⇨ **명령어 해석**: 표의 행 입력을 최대 4개까지 한다.

② 그래프 편집창에 수식을 입력하고 그래프의 스크립트 편집창에 명령어를 입력한다.

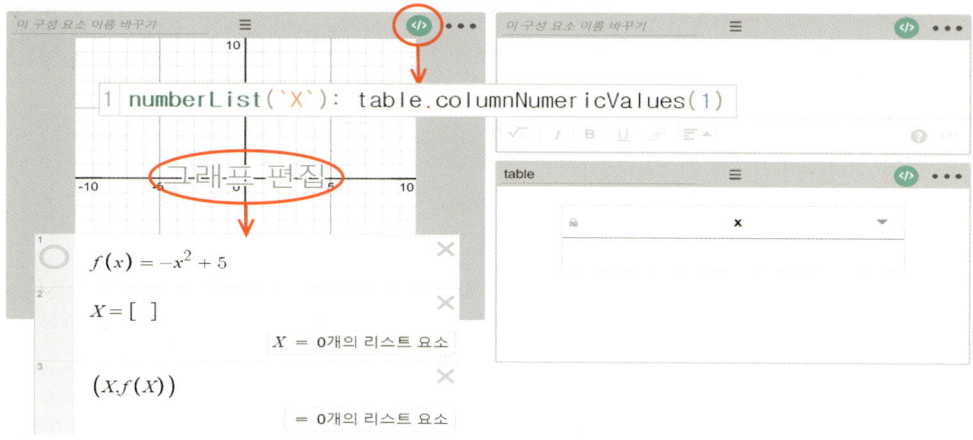

⇨ **수식 해석**: 함수 $f(x)$를 입력하고 함수의 그래프는 보이지 않도록 한다. 리스트 X는 table에 입력된 값을 받아올 것이므로 비어있는 리스트로 입력해도 된다. 리스트를 점으로 나타낼 수 있도록 $(X, f(X))$를 만들어준다.

⇨ **명령어 해석**
table의 첫 번째 열에 입력된 값들을 그래프 X의 리스트에 입력한다.

③ 메모 스크립트 편집창을 열어 명령어를 입력한다.

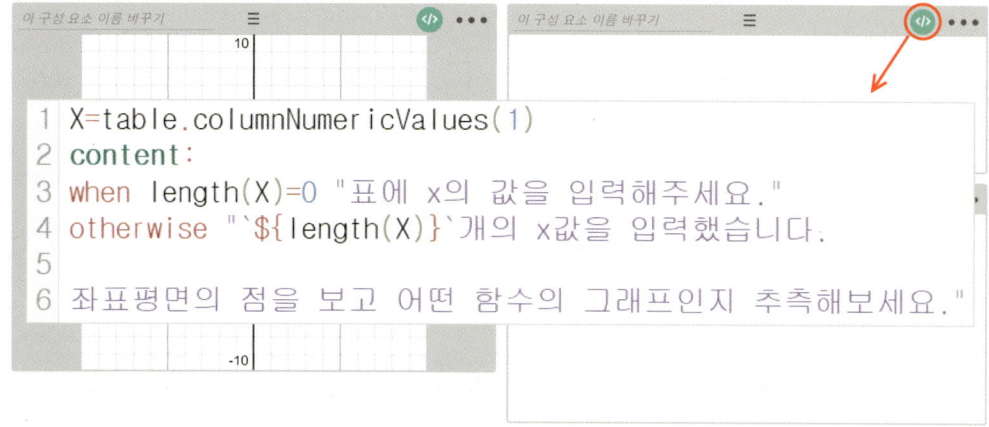

⇨ **명령어 해석**
1행: X를 table 1열의 리스트로 한다.
2행: 메모의 내용(content)에 X에 아무것도 입력되지 않았을 때(length(X)=0)는 "표에 x의 값을 입력해주세요." 그렇지 않은 경우는 입력한 x값이 몇 개인지 확인할 수 있도록 "`${length(X)}`개의 x값을 입력했습니다. 좌표평면의 ~ 추측해보세요." 가 나타나도록 한다.

59. maxRow (표의 입력 제한)

1) 명령어의 역할
maxRow는 표의 행의 입력을 제한할 때 사용하는 명령어이다.
사용 가능 구성요소: 표

2) 활용예시 체험
QR코드의 14번 슬라이드에는 주어진 분수와 같은 값을 입력하는 활동이 제시되어 있다. 엔터를 쳐서 최대 3행까지 행을 추가하여 분수를 더 입력해보자.

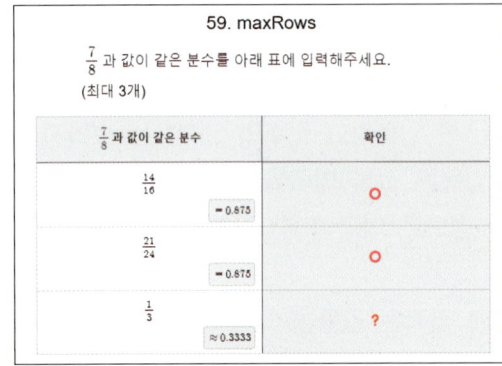

〈14번 슬라이드〉

3) 제작 방법
▶ 14번 슬라이드
① 메모, 표를 불러오고 메모의 내용을 입력한다. 표는 2열로 만들고 열 항목을 입력한다.

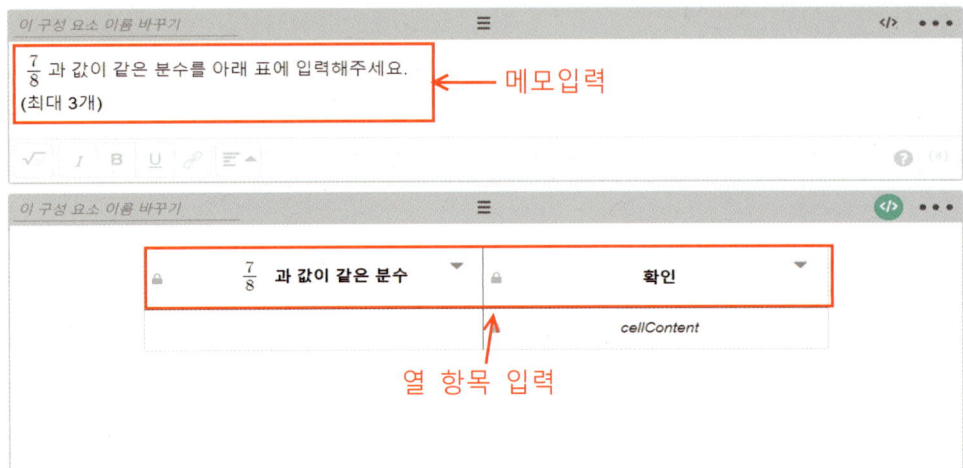

② 표의 설정에서 "학생이 행을 추가할 수 있도록 허용"하고 표의 스크립트 편집창에 명령어를 입력한다.

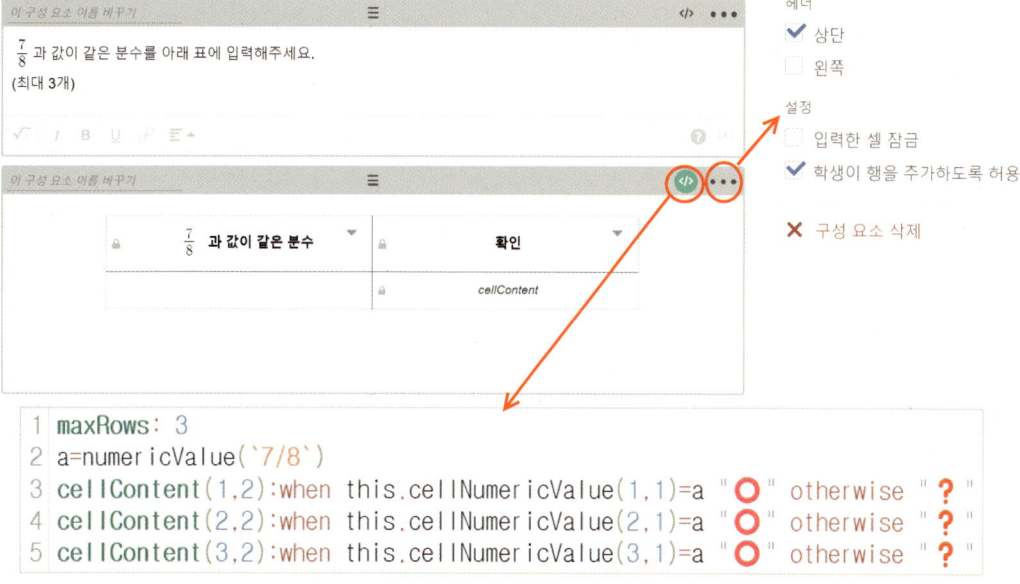

```
1  maxRows: 3
2  a=numericValue(`7/8`)
3  cellContent(1,2):when this.cellNumericValue(1,1)=a "O" otherwise "?"
4  cellContent(2,2):when this.cellNumericValue(2,1)=a "O" otherwise "?"
5  cellContent(3,2):when this.cellNumericValue(3,1)=a "O" otherwise "?"
```

▷ **명령어 해석**

1행: 최대 입력행의 수를 3개로 한다.

2~5행: a의 값을 7/8로 하고 1행1열의 값이 a와 같으면 1행 2열에 O이, 그렇지 않은 경우 ?가 보이도록 한다. (2행 3행도 같은 방법으로 작성하며 완성된 화면은 아래와 같다)

59. maxRows

$\frac{7}{8}$ 과 값이 같은 분수를 아래 표에 입력해주세요.

(최대 3개)

$\frac{7}{8}$ 과 값이 같은 분수	확인
$\frac{14}{16}$ = 0.875	O
$\frac{21}{24}$ = 0.875	O
$\frac{1}{3}$ ≈ 0.3333	?

60. matchesKey (정답 확인)

1) 명령어의 역할
matchesKey는 객관식 문제, 체크박스, 정렬리스트, 카드정렬에서 정답을 입력했는지를 true/false로 가져올 수 있다.
사용 가능 구성요소: 객관식 문제, 체크박스, 정렬리스트, 카드정렬

2) 활용예시 체험
QR코드의 15번~17번 슬라이드를 열어 주어진 미션을 해결해 보자. matchesKey로 정답여부를 판단하여 확인 옆에 피드백이 나타나게 하였다.

〈15번 슬라이드〉   〈16번 슬라이드〉   〈17번 슬라이드〉

3) 제작 방법
▶ 15번 슬라이드

① 메모, 체크박스를 불러오고 메모에 내용, 체크박스의 이름과 목록을 입력하고 정답을 체크한다.

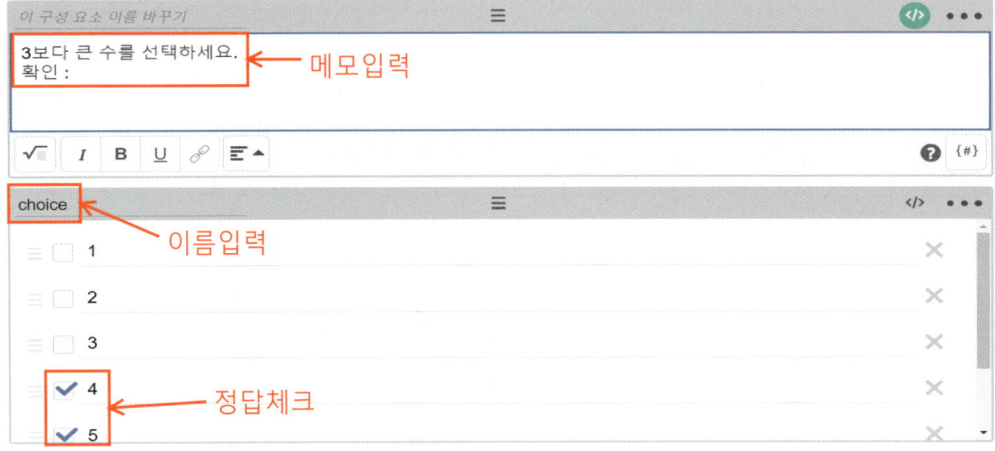

② 메모의 스크립트 편집창에 명령어를 입력한 후 메모에 그림과 같이 변수 **a**를 입력한다.

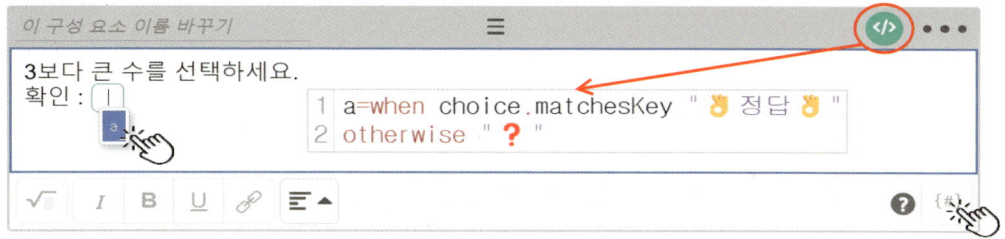

⇨ **명령어 해석**

    a는 choice에 정답을 입력하면 👌정답👌 그렇지 않으면 ?가 나타난다.

▶ **16번 슬라이드**

① 정렬리스트를 불러와 이름과 내용을 입력하고 ⋯ 에서 "순서 맞추기 문제"로 설정한다.

② 스크린 스크립트 편집창에 명령어를 입력한다.

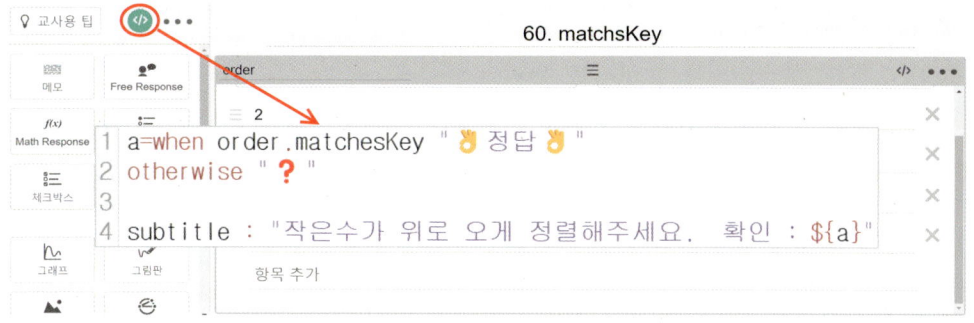

⇨ **명령어 해석**

    1행: a는 order의 순서가 정답일 경우 👌정답👌으로 나타난다.

    2행: 그렇지 않을 경우 ? 으로 나타난다.

    4행: subtitle을 이용하여 스크린에 나타날 내용과 a가 연동되도록 입력한다.

※ 17번 슬라이드의 카드 정렬에서 사용방법은 16번 슬라이드와 유사하다.

61. number (숫자 가져오기)

1) 명령어의 역할
number는 그림판, 그래프에서 숫자를 가져와 싱크, 소스로 사용할 때 사용하는 명령어이다.

사용 가능 구성요소: 그래프, 그림판

2) 활용예시 체험
QR코드의 18번 슬라이드를 열어 안내에 따라 수식입력란에 답을 입력해보자. 그러면 입력한 숫자를 x좌표로 하는 점을 접점으로 하는 접선이 나타나고 피드백도 확인할 수 있다.

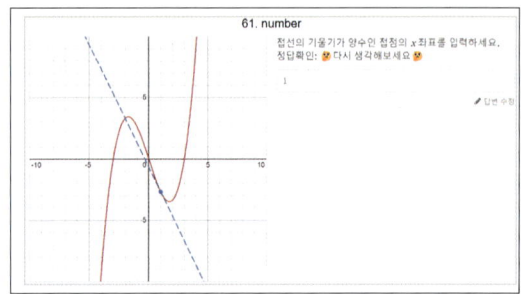
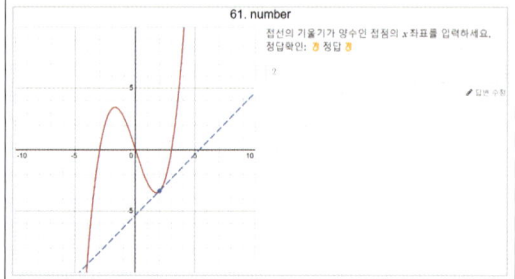

〈18번 슬라이드〉

3) 제작 방법
▶ 18번 슬라이드

① 그래프, 메모, 수식입력을 불러오고 메모의 내용과 그래프, 수식입력란의 이름을 입력한다.

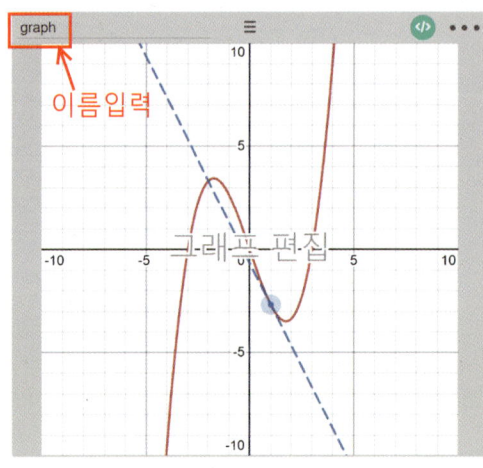
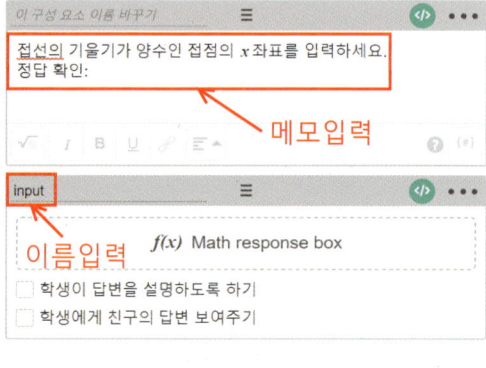

② 그래프 편집창을 열어 수식을 입력하고 그래프 스크립트 편집창에 명령어를 입력한다.

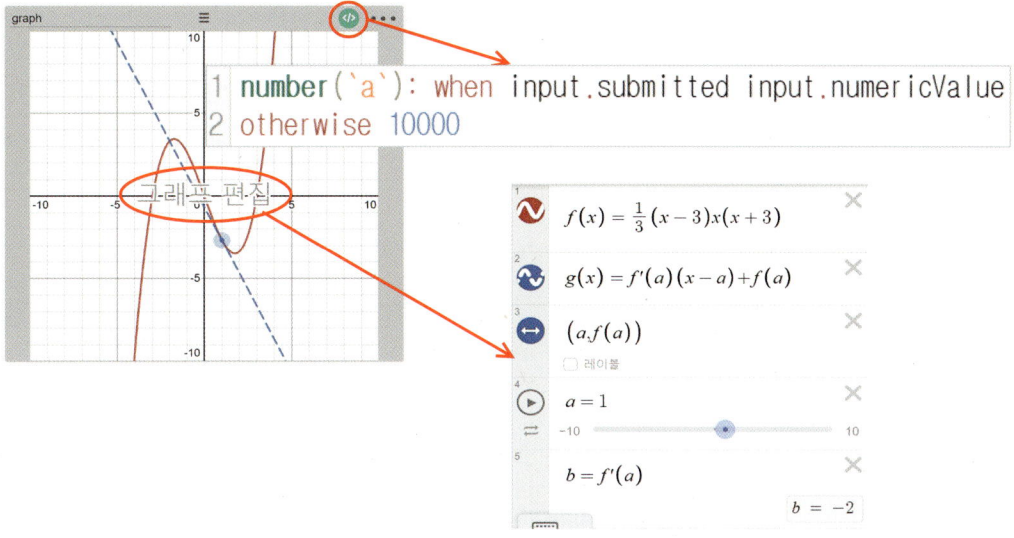

⇨ **명령어 해석**

그래프의 a는 input에 입력된 값을 가져오고 입력되지 않았을 경우 10000을 값으로 한다. 10000으로 정한 이유는 큰 값으로 설정하여 그래프에서 보이지 않게 하기 위해서이다.

③ 메모 스크립트 편집창에 명령어를 입력하고 메모 내용에 변수 a를 입력한다.

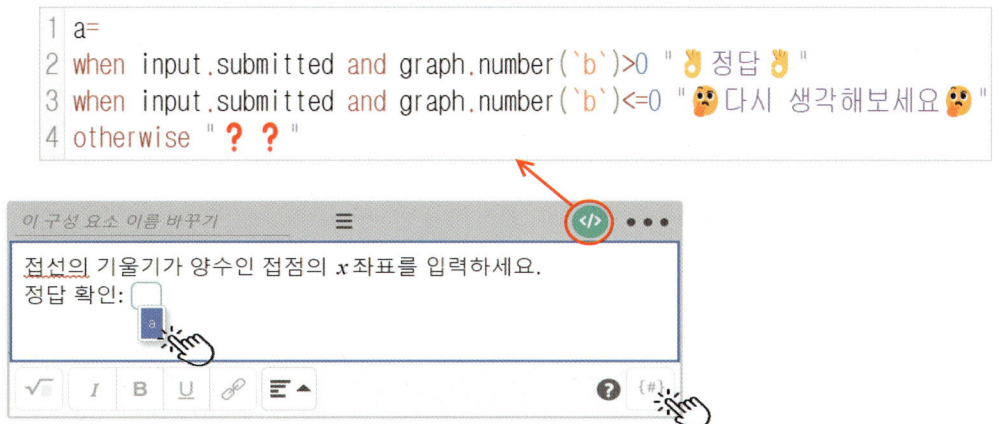

⇨ **명령어 해석**

input에 입력여부와 그래프의 b의 값이 0보다 크고 작은지에 따라 a의 값이 다르게 나타나도록 한다.

43

④ 수식입력란의 스크립트 편집창에 명령어를 입력한다.

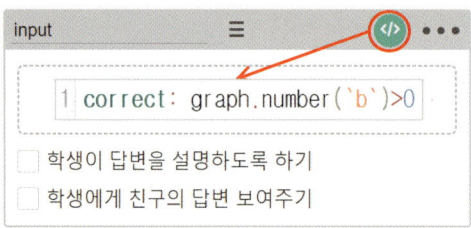

⇨ **명령어 해석**

graph의 b의 값이 양수이면 정답이라고 교사에게 알려준다.

62. numberList (숫자리스트 가져오기)

1) 명령어의 역할

numberList는 그래프, 그림판의 숫자리스트를 가져오거나 표의 열에 입력된 숫자들을 그래프, 그림판의 리스트로 가져올 때 사용하는 명령어이다.
사용 가능 구성요소: 그래프, 그림판

2) 활용예시 체험

QR코드의 19번 슬라이드를 열어 표에 함수 $y=x-3$ 위의 점에 해당하는 좌표를 세 쌍 입력해보자. 그러면 확인 버튼이 활성화될 것이다. 그 버튼을 누르면 함수의 그래프가 그려져 바르게 점을 찍었는지 확인할 수 있다.

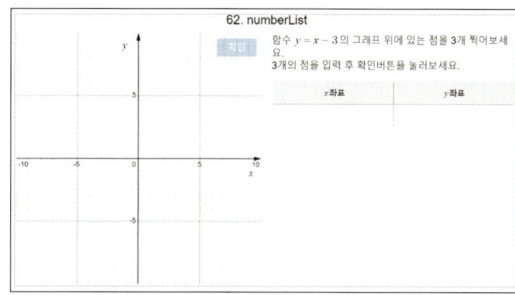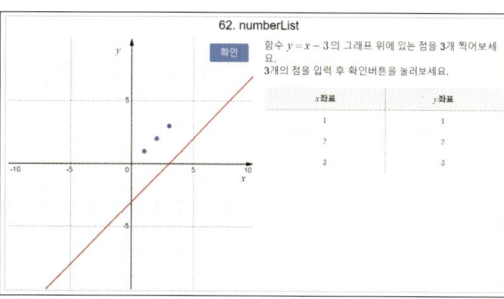

〈19번 슬라이드〉

3) 제작 방법

▶ 19번 슬라이드

① 그래프, 행동버튼, 메모, 표을 불러오고 메모의 내용과 그래프, 행동버튼, 표의 이름을 입력한다.

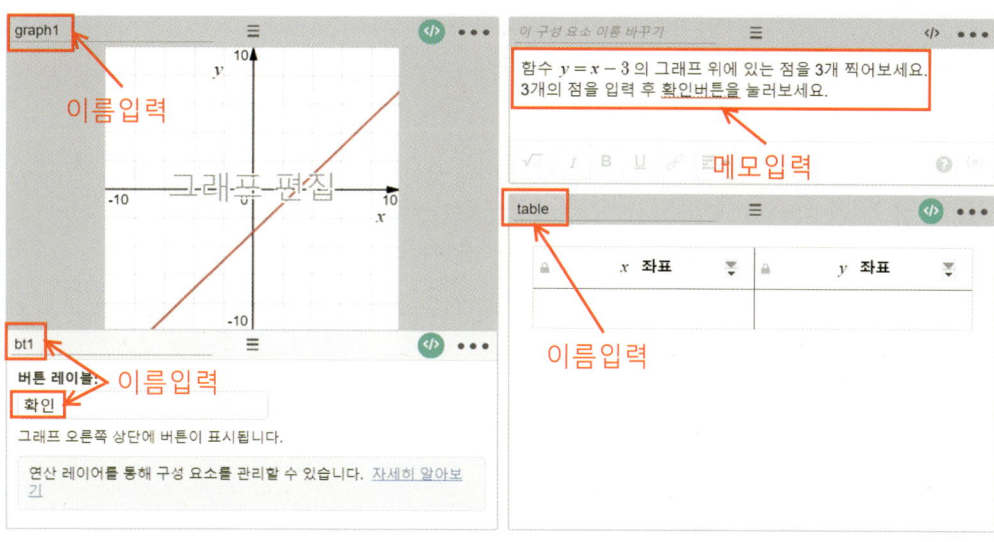

② 그래프 편집창을 열어 수식을 입력하고 그래프, 행동버튼의 스크립트 편집창에 명령어를 입력한다.

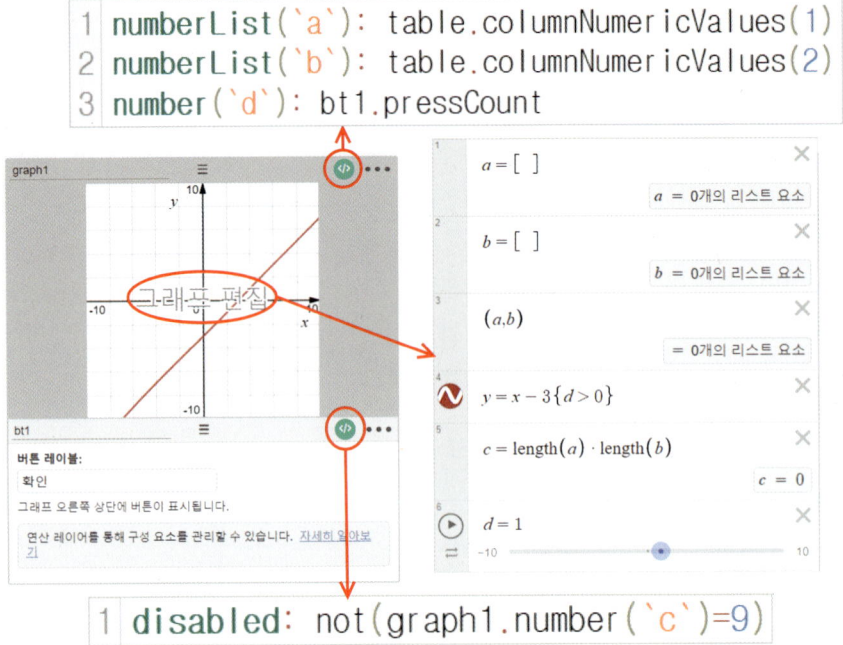

⇨ **수식 해석**: table의 1열, 2열의 수를 각각 리스트 a, b로 한다. 함수 $y = x - 3$은 $d > 0$일 때 보여지며 d는 bt1을 클릭한 횟수이다. c는 table의 3행까지 a, b 값이 모두 입력된 것을 확인하기 위하여 리스트 a와 b의 길이의 곱으로 한다.

⇨ **명령어 해석(그래프)**: table에 1열과 2열의 수를 리스트 a, b의 값으로 하고 그래프의 d의 값은 bt1의 클릭수로 한다.

⇨ **명령어 해석(행동버튼)**: graph1의 c가 9가 아니면 행동 버튼이 비활성화된다.

③ 표의 열 항목 내용을 입력하고 표의 스크립트 편집창을 열어 명령어를 입력하고 표의 설정에서 '학생이 행을 추가하도록 허용'에 체크한다.

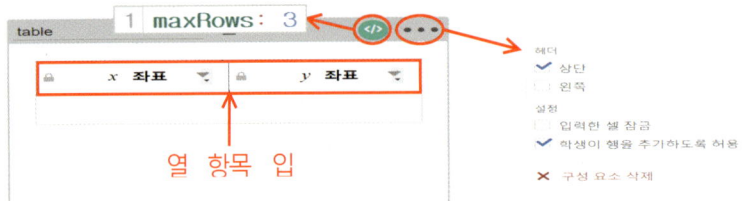

⇨ **명령어 해석**: 최대 3행까지 입력할 수 있게 한다.

desmos

63. numericValue (숫자값으로 정하기)

1) 명령어의 역할

numericValue는 그래프, 그림판과 연동하지 않고 숫자값을 정하거나 수식입력란에 입력된 숫자값을 연동할 때 사용하는 명령어이다.

사용 가능 구성요소: 수식입력란

2) 활용예시 체험

QR코드의 20번 슬라이드를 열어 수식입력란에 조건에 맞는 수를 입력해보자. 그러면 '다시 생각해보세요.', '정답입니다.'와 같은 피드백이 나타난다.

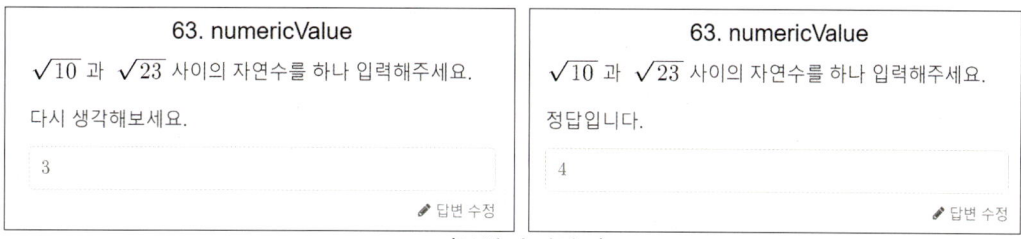

〈20번 슬라이드〉

3) 제작 방법

▶ 20번 슬라이드

① 메모, 수식입력란을 불러오고 메모의 내용과 수식입력란의 이름을 입력한다.

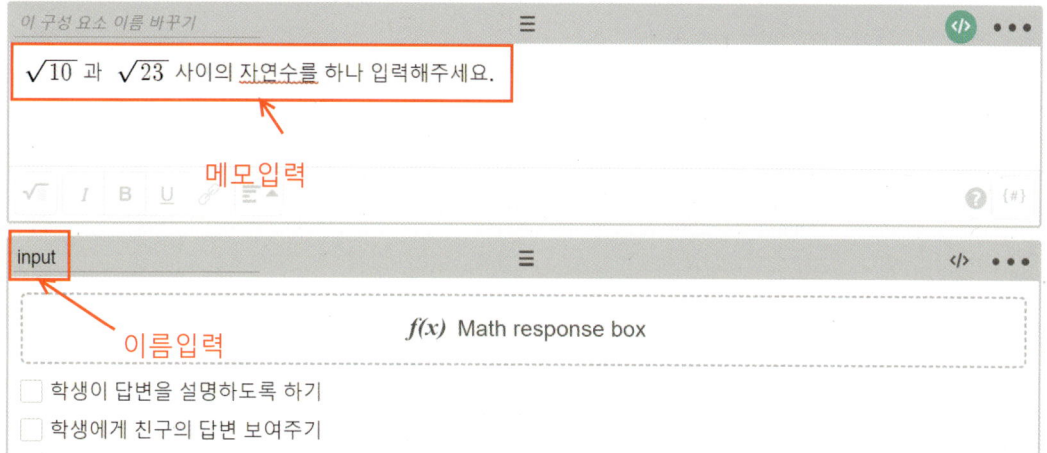

47

② 메모의 스크립트 편집창에 명령어를 입력한다.

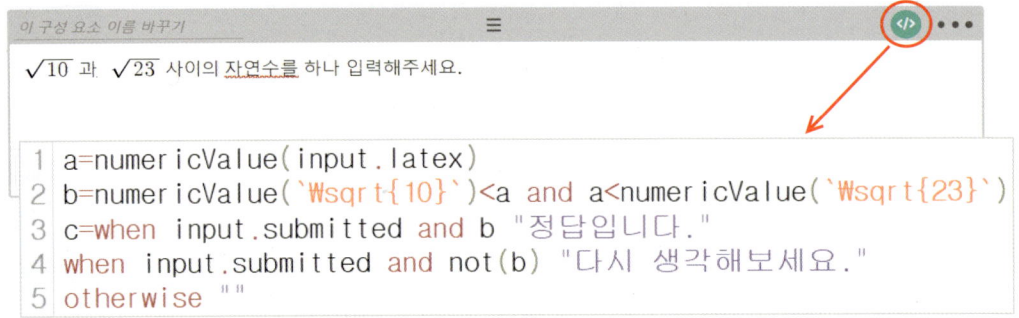

⇨ **명령어 해석**

1행: input에 입력된 수를 a로 한다.
2행: a의 값을 $\sqrt{10}$ 과 $\sqrt{23}$ 사이에 있으면 true, 그렇지 않으면 false로 한다.
3행: c의 값이 input의 수를 입력 후 제출하고 b가 true이면 "정답입니다."
4행: input의 수를 입력 후 제출하고 b가 false이면 "다시 생각해보세요."
5행: 나머지 경우는 ""이 되도록 한다.

※ numericValue를 이용시 주의사항
k=numericValue(`1`) 같이 자연수를 입력할 수도 있음.
k=numericValue(`\sqrt{10}`), numericValue(`\frac{3}{7}`) 와 같이 제곱근, 분수를 입력할때는 "\"를 붙여서 입력함.

※ 쉽게 수식을 입력하는 방법
그래핑계산기에서 식을 입력하고 이를 복사한다.
복사한 값을 연산레이어스크립트에서 붙여넣기하고 ``로 감싸주면 수식을 값으로 인식하게 할 수 있다.

48   desmos 명령어 50개 익히기

64. order (정렬의 순서 가져오기)

1) 명령어의 역할
order는 정렬리스트의 각 목록 순서를 그래프의 리스트와 연동시키는 명령어이다. 정렬리스트의 순서를 바꾸면 그래프의 리스트가 연동하여 바뀌게 한다.
사용 가능 구성요소: 정렬리스트

2) 활용예시 체험
QR코드의 21번 슬라이드를 열어 정렬리스트 목록을 이동시켜보자. 그러면 목록의 순서와 똑같이 그래프 화면의 확률, 기하, 대수의 위치가 바뀌는 것을 확인할 수 있다.

〈21번 슬라이드〉

3) 제작 방법
▶ 21번 슬라이드
① 그래프, 메모, 정렬리스트를 불러오고 메모의 내용과 정렬리스트의 이름, 목록내용을 입력한다.

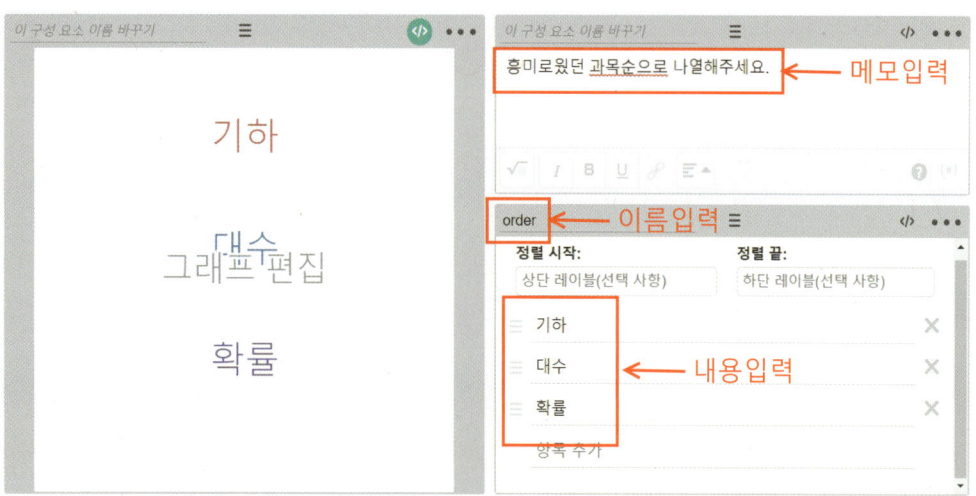

② 그래프 편집창에 수식을 입력하고 그래프 스크립트 편집창에 명령어를 입력한다.

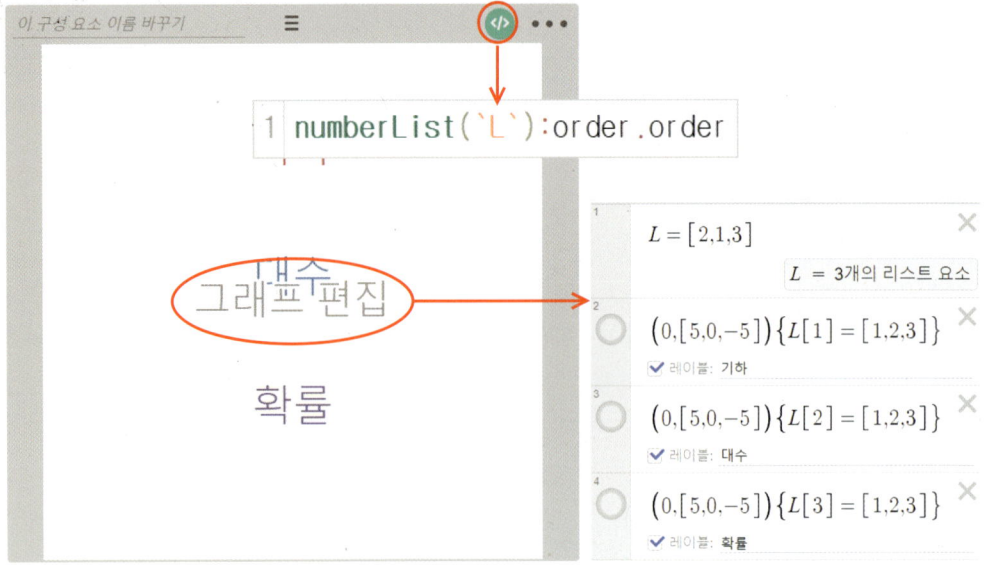

⇨ **수식 해석**

1행 : 리스트 L을 입력한다.

※ 그래프에서 L의 원소로 어떤 것을 입력하더라도 학생화면에서는 스크립트 명령어에 의해 정의된다. $L[1]$은 리스트 L의 원소 중 첫 번째 값을 뜻한다.

2행 : 명령어로 받아온 리스트가 $L = [2, 1, 3]$라면, $L[1] = 2$이므로 리스트 $[1, 2, 3]$중 $L[1]$과 같은 값은 두 번째에 있으므로 $(0, 0)$의 위치에 '기하'가 나타난다.

3~4행 : 2행과 같은 방법으로 '대수'와 '확률'이 나타나는 위치가 결정된다.

⇨ **명령어 해석**

order의 목록 순서를 그래프의 리스트 L로 가져온다.

※ 액티비티 편집창에서 정렬리스트 구성요소의 목록에 위에서부터 순서대로 기하, 대수, 확률이라고 적으면 학생화면에서 목록을 이동시키기 않았을 때 L은 $[1,2,3]$로 인식된다. 만약 목록을 확률, 기하, 대수 순서로 옮긴다면 L은 $[2,3,1]$로 재정의 된다.

※ 아래는 $L = [2,1,3]$일 때 '기하'의 위치가 정해지는 과정을 단계별로 정리한 것이다. $\{L[1] = [1,2,3]\}$과 같은 조건문은 순서쌍 안과 밖 어디에 적어도 상관없다.

1단계	$(0\{L[1] = [1,2,3]\}, [5,0,-5])$ 레이블: 기하	$L[1] \neq 1$이므로 $(0,5)$는 나타나지 않음.
2단계	$(0\{L[1] = [1,2,3]\}, [5,0,-5])$ 레이블: 기하	$L[1] = 2$이므로 $(0,0)$이 나타남.
3단계	$(0\{L[1] = [1,2,3]\}, [5,0,-5])$ 레이블: 기하	$L[1] \neq 3$이므로 $(0,-5)$는 나타나지 않음

65. parseEquation (방정식으로 인식하기)

1) 명령어의 역할

parseEquation은 수식입력란에 입력된 식을 방정식으로 가져와 인식하고 좌변, 우변으로 구분할 수 있게 하는 명령어이다. differenceFunction과 연계하여 사용할 수 있다.

사용 가능 구성요소: 수식입력란

2) 활용예시 체험

QR코드의 22번 슬라이드를 열고 수식입력란에 x, y에 대한 방정식을 입력해보자. 그러면 왼쪽 화면에 그래프가 나타나고 메모에는 좌변과 우변을 구별하여 알려준다.

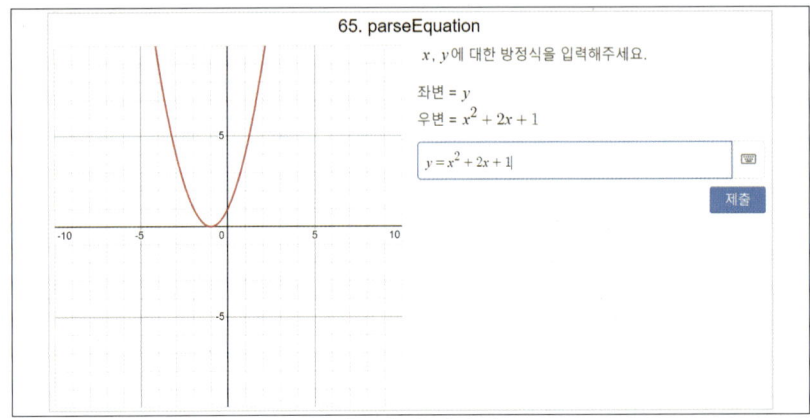

〈22번 슬라이드〉

3) 제작 방법

▶ 22번 슬라이드

① 메모, 수식입력란을 불러오고 메모의 내용과 수식입력란의 이름을 입력한다.

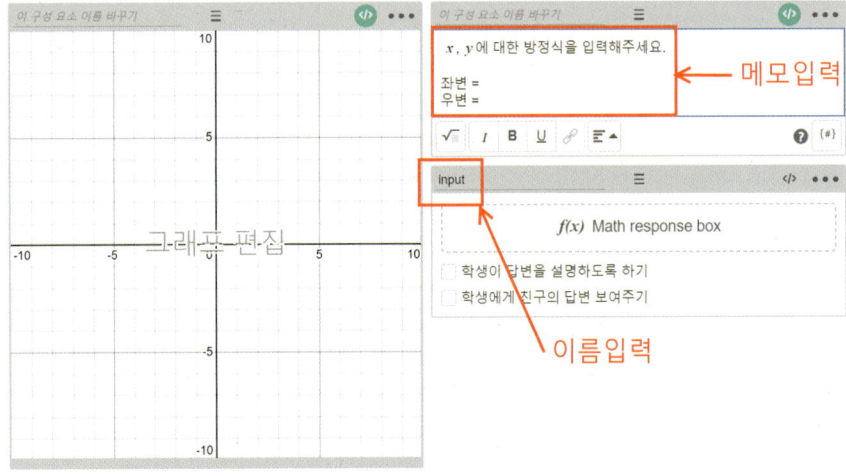

② 그래프 편집창을 열고 수식을 입력한다.(순서에 주의!) 그래프 스크립트 편집창에 명령어를 입력한다.

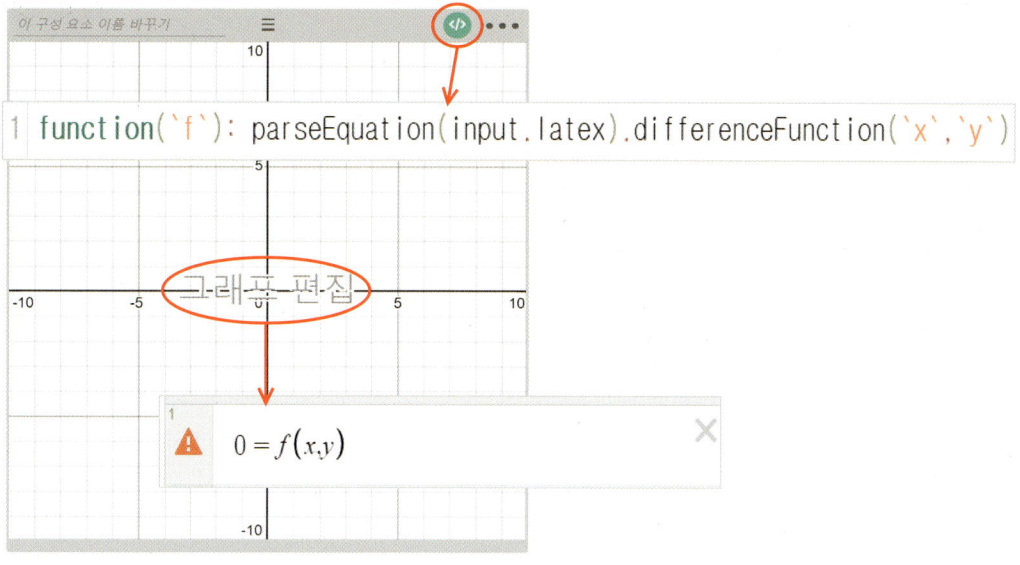

⇨ **명령어 해석**
　　input에 입력한 수식을 방정식으로 인식하고 x, y에 대한 함수식 f로 한다.

③ 메모의 스크립트 편집창에서 명령어를 입력하고 메모 내용에 a , b 를 입력한다.

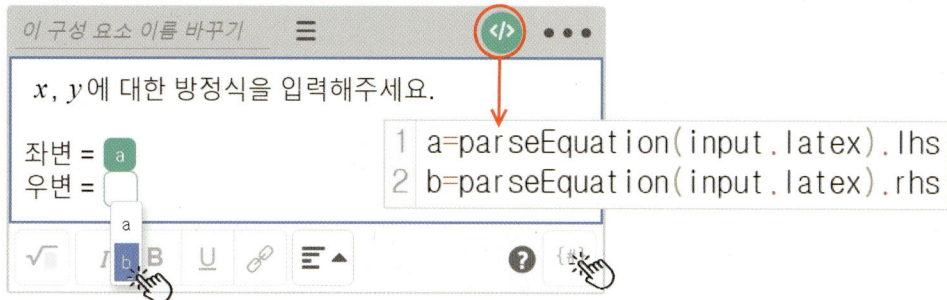

⇨ **명령어 해석**
　　input에 입력된 수식을 방정식으로 인식하고 a를 좌변, b를 우변으로 한다.

66. parseOrderedPair (순서쌍으로 인식하기)

1) 명령어의 역할

parseOrderedPair는 수식입력란에 입력된 식을 순서쌍으로 인식하게 하는 명령어이다. 순서쌍으로 인식한 식(또는 값)을 그래프에서 점으로 나타내는 등 다양한 방법으로 연계해서 사용할 수 있다.

사용 가능 구성요소: 수식입력란

2) 활용예시 체험

QR코드의 23번 슬라이드를 열어 수식입력란에 순서쌍으로 좌표를 입력해보자. 그러면 좌표에 해당하는 위치에 점이 찍힌다.

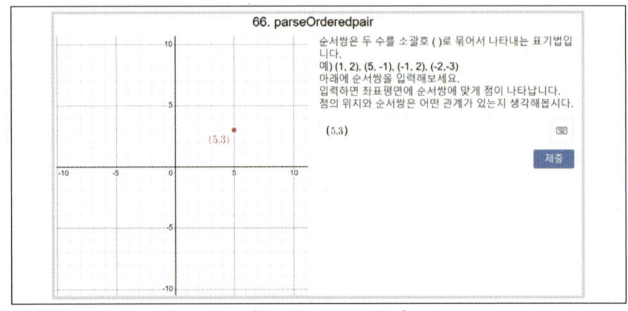

〈23번 슬라이드〉

parseOrderedPair로 어떻게 순서쌍을 좌표로 불러들일 수 있는지 알아보자.

3) 제작 방법

▶ 23번 슬라이드

① 그래프, 메모, 수식입력란을 불러오고 메모의 내용과 수식입력란의 이름을 입력한다.

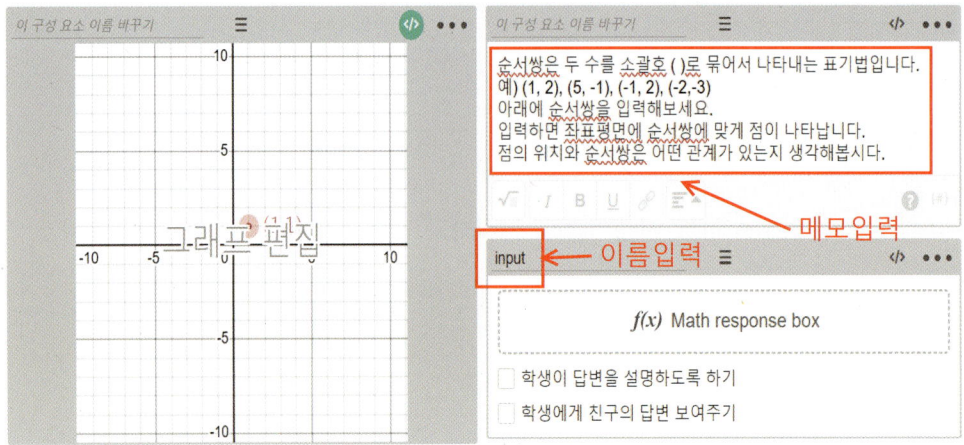

54   desmos 명령어 50개 익히기

② 그래프 편집창을 열어 수식을 입력하고 그래프의 스크립트 편집창에 명령어를 입력한다.

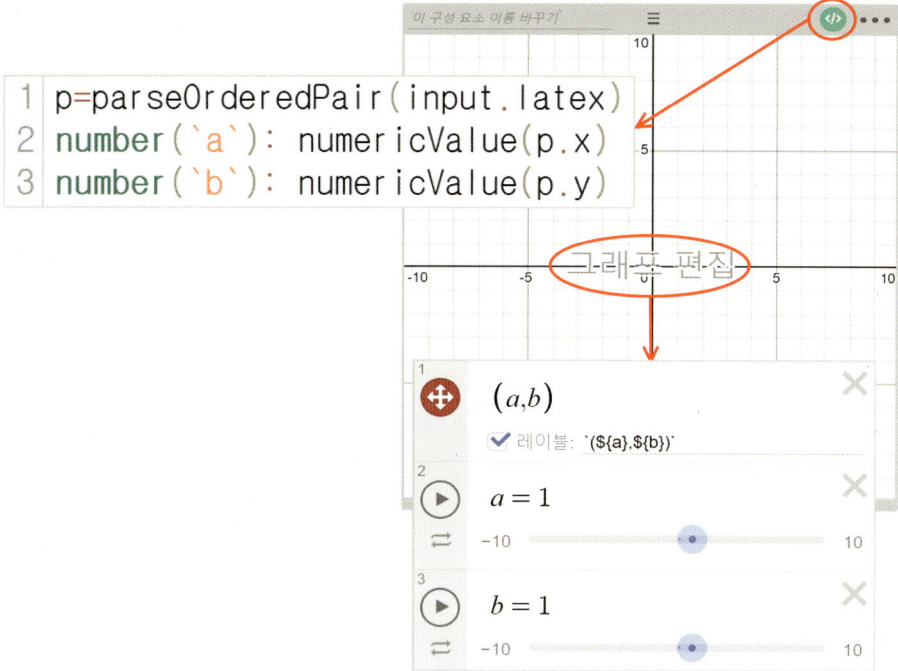

⇨ **수식 해석**: 점 (a, b)을 입력하여 input에서 입력하는 순서쌍이 나타날 수 있게 한다.

⇨ **명령어 해석**

　1행: input에 입력한 순서쌍을 순서쌍으로 인식하고 이를 p라고 한다.
　2행: 그래프의 a 값을 순서쌍 p의 x좌표로 한다.
　3행: 그래프의 b 값을 순서쌍 p의 y좌표로 한다.

67. pointLabel (점의 레이블 정하기)

1) 명령어의 역할
pointLabel은 그래프의 점에 대한 레이블(이름)을 정해주는 명령어이다. 조건에 맞게 점의 레이블을 학생이 정해주거나 조건에 맞게 점의 레이블을 변경하는 방법으로 활용하여 사용할 수 있다.
사용 가능 구성요소: 그래프

2) 활용예시 체험
QR코드의 24번 슬라이드를 열어 그래프 화면의 동점을 이동시켜보자. 그러면 점이 위치한 각 사분면에 따라 레이블이 바뀜을 확인할 수 있다.

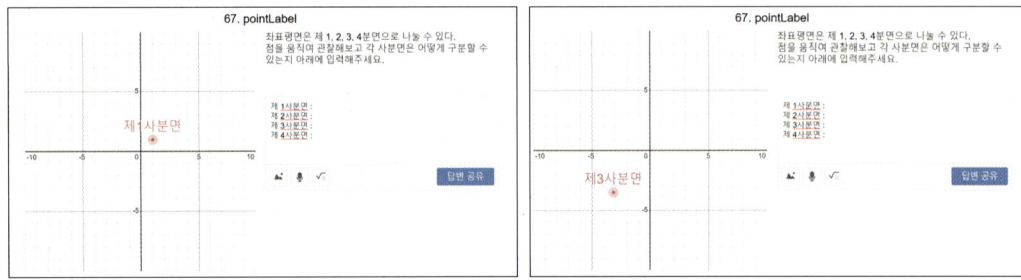

〈24번 슬라이드〉

pointLable로 특정 조건에 따라 바뀌는 점의 레이블을 어떻게 만드는지 알아보자.

3) 제작 방법
▶ 24번 슬라이드
① 그래프, 메모, 텍스트입력란을 불러오고 메모에 내용을 입력하고 그래프 편집창을 열어 수식을 입력한다.

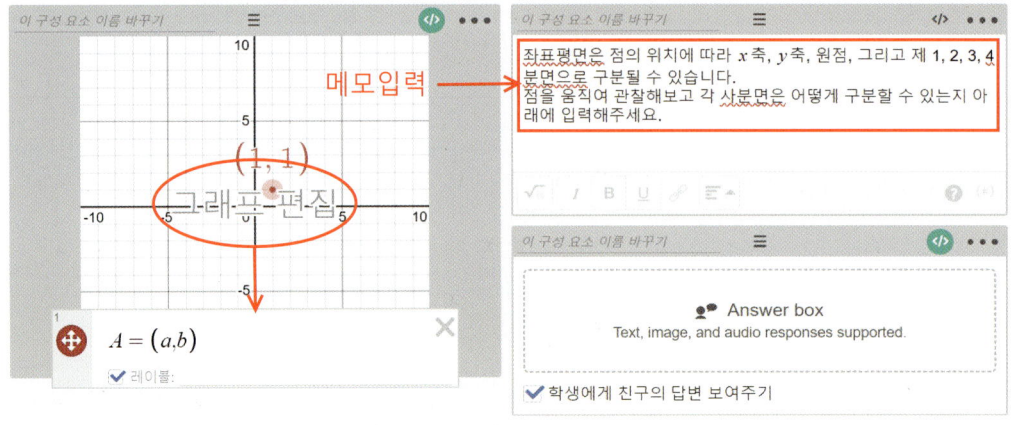

② 그래프 스크립트 편집창에 명령어를 입력한다.

⇨ **명령어 해석(그래프)**
　1행~2행: 그래프의 a, b의 점을 변수 a, b로 정한다.
　3행~8행: 점 A의 레이블을 조건에 맞게 정해준다.

⇨ **명령어 해석(수식입력란)**
　학생이 각 사분면을 구분해서 입력할 수 있도록 initialText로 기본 문구를 설정해준다.

68. pressCount (행동 버튼 누른 횟수)

1) 명령어의 역할
pressCount는 행동버튼 클릭 횟수를 세어주는 명령어이다. 시도 횟수를 기록으로 남기거나 그래프에 보이고 싶을 때 사용한다.
사용 가능 구성요소: 행동버튼

2) 활용예시 체험
QR코드의 1번 슬라이드를 열어 이름이 '솟아라!'인 행동버튼을 여러 번 클릭한 후 그래프 화면의 변화를 관찰해보자. 버튼을 클릭한 횟수에 따라 삼각형의 높이가 달라진다.

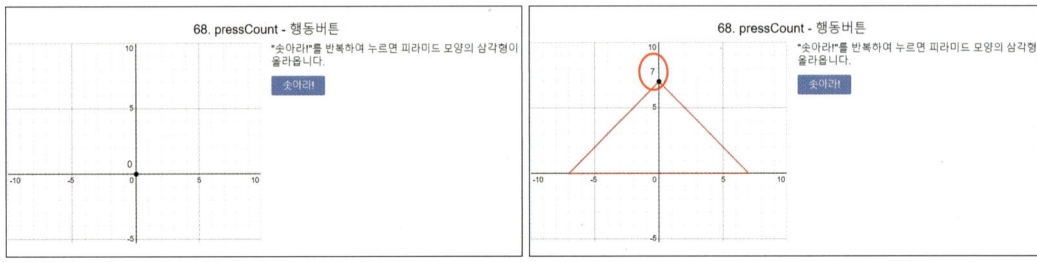

〈1번 슬라이드〉

3) 제작 방법
▶ 1번 슬라이드

① 그래프, 메모, 행동버튼을 불러오고 메모에 내용, 행동버튼에 이름과 내용을 입력한다.

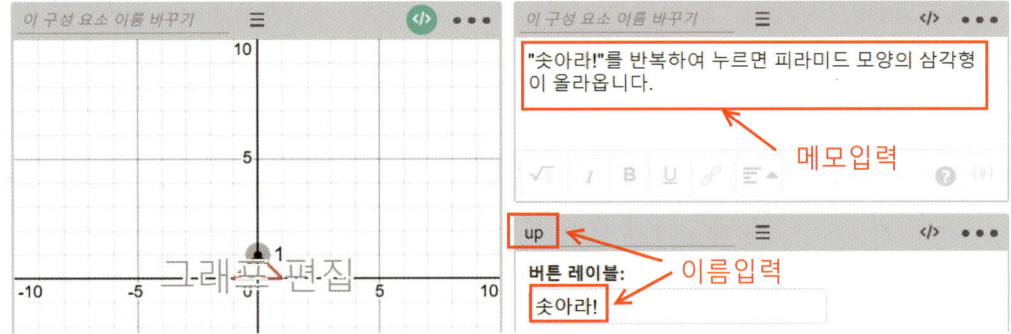

② 그래프 편집창에 수식을 입력하고 그래프 스크립트 편집창에 명령어를 입력한다.

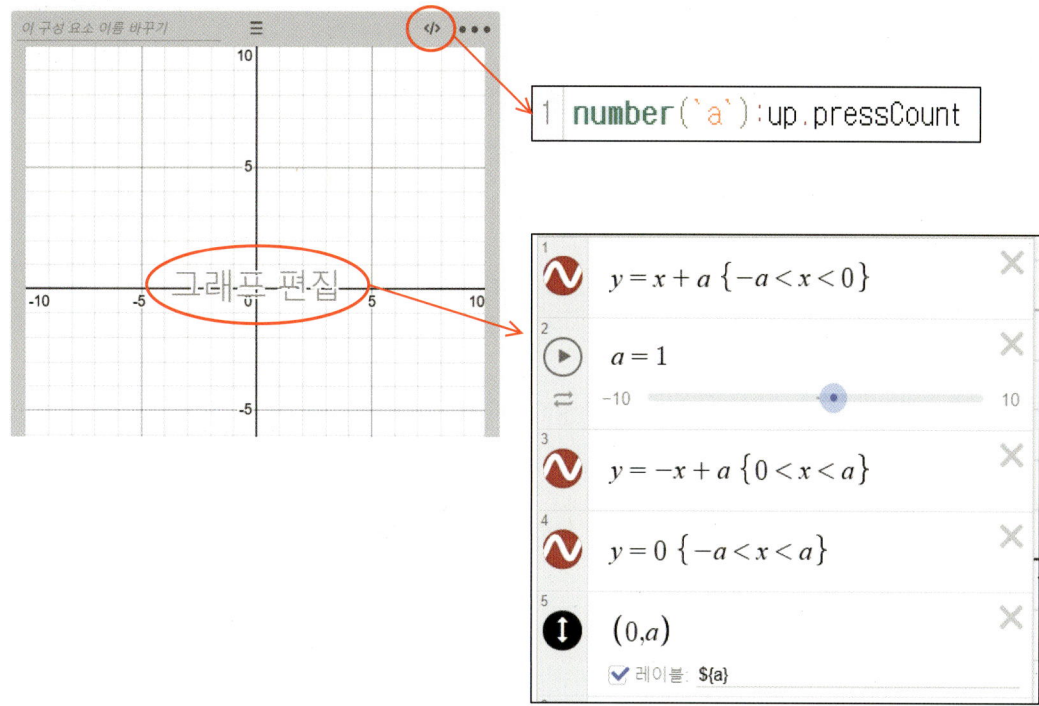

⇨ **수식 해석**: 피라미드 모양을 나타내는 함수식을 입력한다. 행동 버튼을 클릭한 횟수를 받아 그래프 화면에 보여주기 위해 점 $(0, a)$과 레이블 a을 입력한다.

⇨ **명령어 해석**: 행동버튼(up)을 누른 횟수를 a라 한다.

69. prompt (체크박스에서 도움말 편집하기)

1) 명령어의 역할
prompt는 체크박스 위에 이탤릭체로 표시되는 작은 도움말을 편집하는 명령어이다.
사용 가능 구성요소: 객관식 문제, 체크박스

2) 활용예시 체험
QR코드의 2번 슬라이드를 열어 관찰해보자. 체크박스 보기 위에 도움말로 (해당하는 것을 모두 선택하세요)가 아니라 (중복 선택 가능)이라고 적혀 있다.

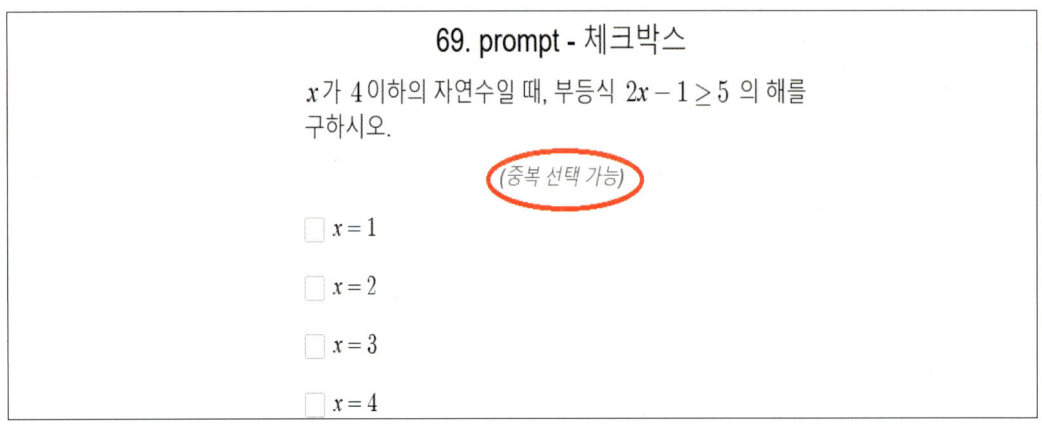

〈2번 슬라이드〉

prompt로 체크박스 구성요소의 기본 문구를 어떻게 바꿀 수 있는지 알아보자.

3) 제작 방법

▶ 2번 슬라이드

① 메모와 체크박스를 불러오고 메모의 문구와 체크박스의 보기를 입력한다. 체크박스의 스크립트에 명령어를 입력한다.

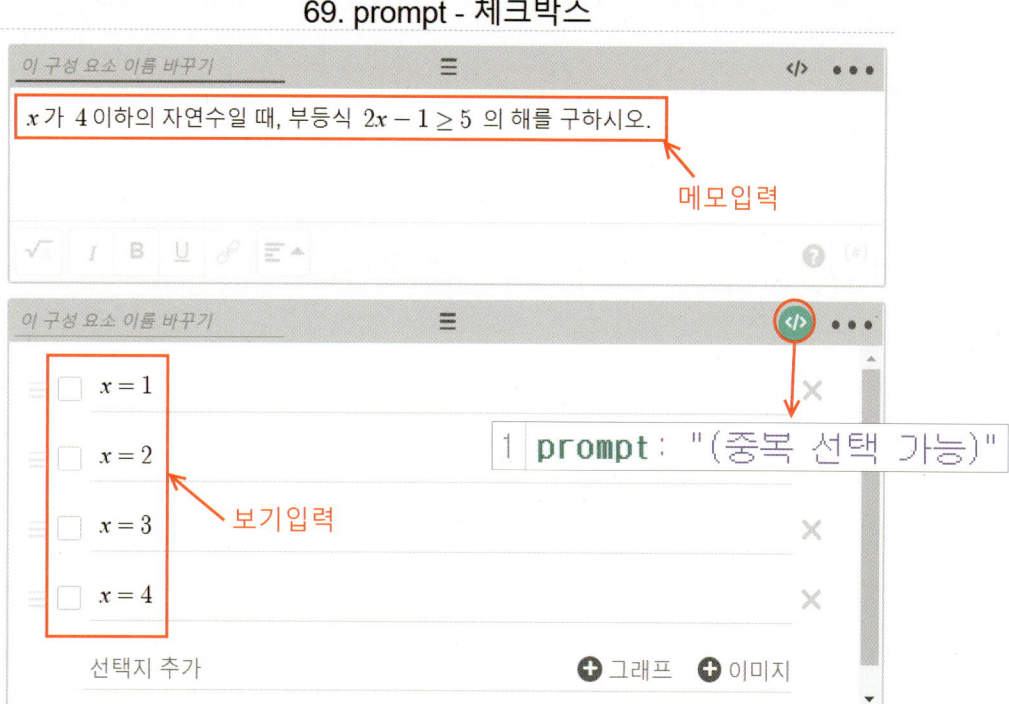

⇨ **명령어 해석**

따옴표 안에 있는 내용이 이탤릭체로 나타나므로 문제 상황에 맞게 적절한 문구를 넣으면 된다.

※ prompt 명령어를 사용하지 않는다면 기본 문구인 *(해당하는 것을 모두 선택하세요.)* 가 나타난다.

※ 기본 문구가 나타나지 않게 하고 싶다면 `1 prompt: ""` 를 입력한다.

70. randomGenerator (난수 생성)

1) 명령어의 역할
randomGenerator는 난수 생성 명령어이다. 임의의 숫자를 제공하고 싶을 때 사용한다. 특히 수의 범위를 지정할 수 있다. (예: -9부터 9까지의 정수나 실수)
사용 가능 구성요소: 행동버튼, 그래프 등

2) 활용예시 체험
QR코드의 3번 슬라이드를 열고 '새 점찍기' 행동버튼을 여러 번 눌러보며 변화를 관찰하자. 클릭할 때마다 새로운 점이 나타난다.

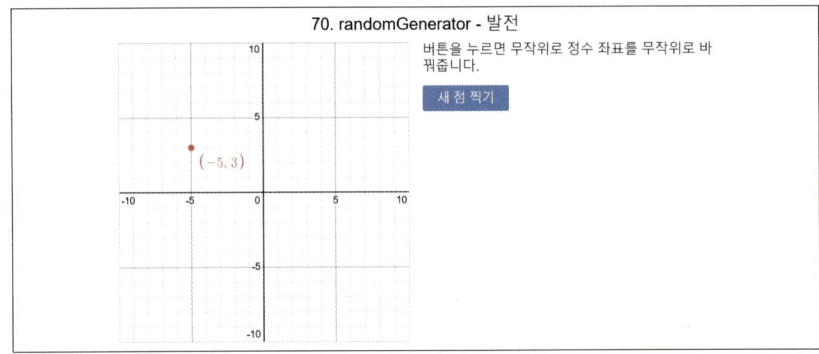

〈3번 슬라이드〉

randomGenerator로 버튼을 클릭할 때마다 예상치 못한 점이 나타나게 하는 방법을 알아보자.

3) 제작 방법
▶ 3번 슬라이드
① 그래프, 메모, 행동 버튼을 불러오고 메모의 문구, 행동 버튼의 이름을 입력한다.

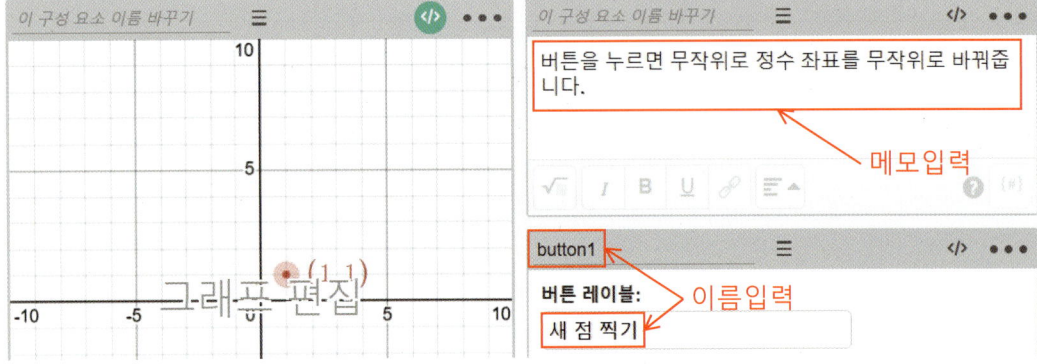

62   desmos 명령어 50개 익히기

② 그래프 편집창을 열어 수식을 입력하고 그래프 스크립트 편집 창에 명령어를 입력한다.

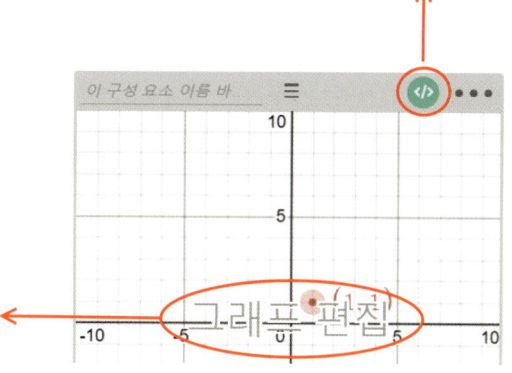

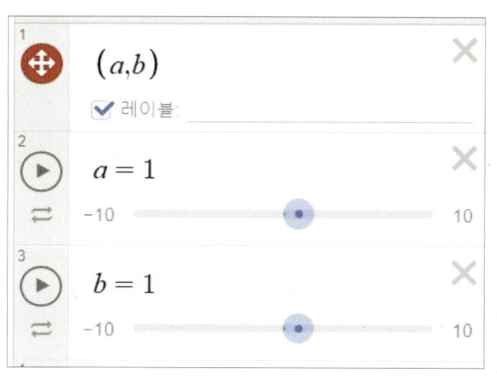

▷ **수식 해석**: 점 (a,b)를 입력한 후 레이블 표시에 체크한다.

▷ **명령어 해석**

    1행: button1의 행동 버튼을 누를 때마다 생성되는 난수를 변수 r로 저장한다.
    2행: 임의의 난수 r 중에서 $-6 \leq b \leq 6$ 범위의 정수 하나를 변수 a에 저장한다.
    3행: 임의의 난수 r 중에서 $-7 \leq b \leq 7$ 범위의 정수 하나를 변수 b에 저장한다.

※ b를 $-9 \leq b \leq 9$ 범위의 실수(float) 중에서 임의로 택하고 싶다면 아래와 같이 입력한다.

```
1  r=randomGenerator(button1.pressCount)
2  number(`a`): r.int(-6,6)
3  number(`b`): r.float(-9,9)
```

| float | member |

71. readOnly (읽음 처리 하기)

1) 명령어의 역할
readyOnly는 해당 구성요소를 읽음 처리하는 명령어이다. 수업 시 교사 대시보드의 요약보기는 학생이 어디쯤 학습하고 있는지, 답을 잘 입력했는지 등의 내용을 한눈에 알려준다. 학생들이 그냥 읽고 넘어가도 좋은 슬라이드나 활동내용을 꼼꼼하게 살펴보지 않아도 되는 구성요소에 readOnly:true 를 사용하면 대시보드를 통해 교사가 효율적으로 학생 응답 관리에 도움을 얻을 수 있다.
사용 가능 구성요소: 수식입력란, 그래프, 객관식/체크박스, 정렬 리스트, 그림판, 표

2) 활용예시 체험
QR코드에 저장된 액티비티를 복사 및 편집하여 편집화면을 열고 3번~4번 슬라이드 미리보기 화면을 관찰하자. 그러면 왼쪽 위의 대시보드 요약보기의 정보를 볼 수 있다. 3번 슬라이드는 왼쪽 위의 학생 화면 미리보기 옆에 ● 이 나타나고 4번 슬라이드에는 아무것도 보이지 않는다.

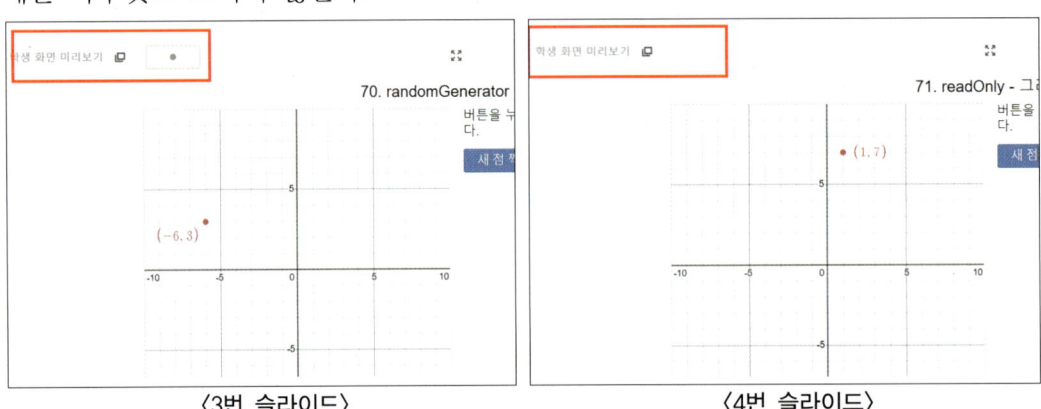

〈3번 슬라이드〉　　　　〈4번 슬라이드〉

※ 이 액티비티에 대한 수업코드를 생성하고 대시보드를 열었을 때 3번, 4번 슬라이드의 요약보기는 오른쪽 그림과 같다. 그래프 스크립트 편집창에 readOnly:true를 입력한 4번은 ── 표시가, readOnly:true를 입력하지 않은 3번은 ● 이 나타난다. 즉, 교사는 학생활동을 꼼꼼히 확인하지 않아도 되는 화면은 ── 이 보이게 하고 확인이 필요한 화면은 ● 이 보이게 함으로써 학생활동 관찰 시간을 절약할 수 있다.

3) 제작 방법

▶ 4번 슬라이드

3번 슬라이드를 복사한 후 그래프 스크립트창을 열어 명령어를 추가한다.

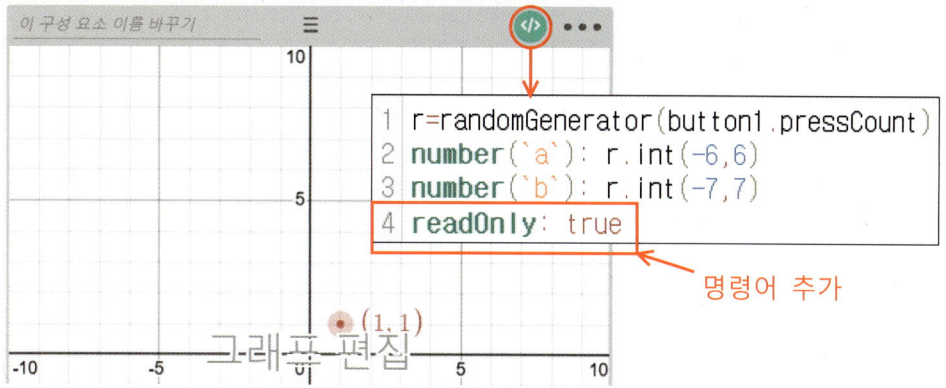

⇨ **명령어 해석**: 읽음 처리한다.

※ readOnly와 correct 함께 사용하기

readOnly 와 correct를 함께 사용하면 학생 응답관리를 좀더 세분화하여 파악할 수 있다. 그래프 화면 속 점의 x좌표를 3이 되도록 옮기고 수식입력창에 3을 입력하는 미션이 포함된 슬라이드를 예로 들어보자.

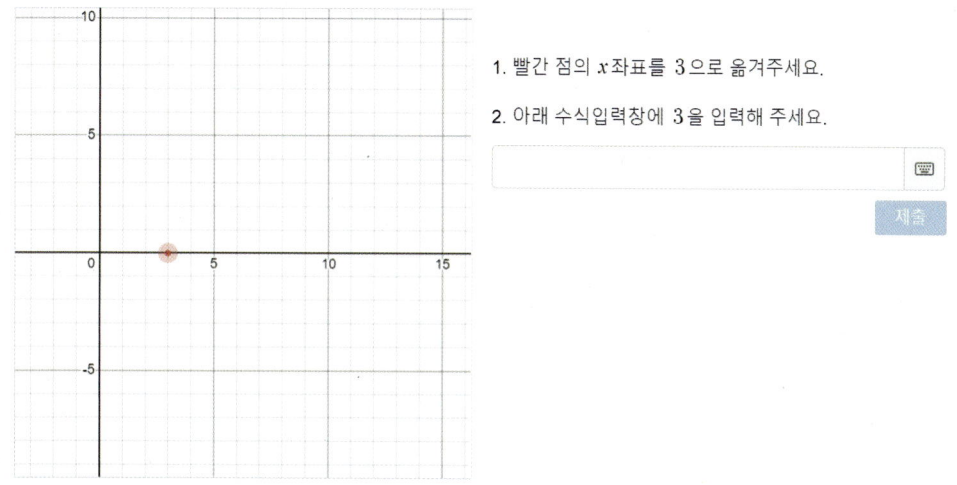

같은 활동에 대해 그래프와 수식입력창의 스크립트 편집창에 다른 명령어를 입력하면 대시보드에 어떻게 표현되는지 알아보자.

① 그래프와 수식입력창 두 군데 모두 **readOnly: true** 입력했다면 **correct** 명령어 입력여부와 상관없이 대시보드 요약보기에 무조건 ── 가 나타난다.

② 그래프에만 **readOnly: true**, 수식입력창만 **correct** 명령어를 입력했을 때

체험자가 해당 슬라이드에서 활동하고 있을 때	그래프 활동과 상관없이 수식입력창 입력이 올바를 때	그래프 활동과 상관없이 수식입력창 입력이 틀렸을 때
•	✓	✗

③ 그래프와 수식입력창에 모두 correct 명령어를 입력했을 때

체험자가 해당 슬라이드에서 활동하고 있을 때	그래프 활동과 수식입력창 입력이 **모두** 올바를 때	그래프 활동과 수식입력창 입력 중 **어느 하나라도** 틀렸을 때
•	✓	✗

※ 체험자가 어떤 슬라이드 화면에 머물러 있을 때는 correct가 설정된 구성요소에 대한 체험자의 응답 여부가 올바른 지와 상관없이 대시보드 요약 보기에 • 이 나타난다. 체험자가 그 슬라이드의 활동을 마치고 다른 화면으로 옮겨갔을 때 ✓ 또는 ✗ 가 반영되어 나타난다.

72. resetAnimationOnChange (애니메이션 초기화하기)

1) 명령어의 역할

resetAnimationOnChange는 행동버튼에 명령어를 이용하여 애니메이션 타이머를 초기화하는 명령어이다.

사용 가능 구성요소: 그래프

2) 활용예시 체험

QR코드의 5번 슬라이드를 열고 재생 버튼 ▶을 누른 후 그래프 화면 상단의 두 버튼을 눌러 차이를 관찰해보자. resetAnimationOnChange가 적용된 그래프는 버튼을 클릭할 때마다 동영상이 처음부터 실행된다.

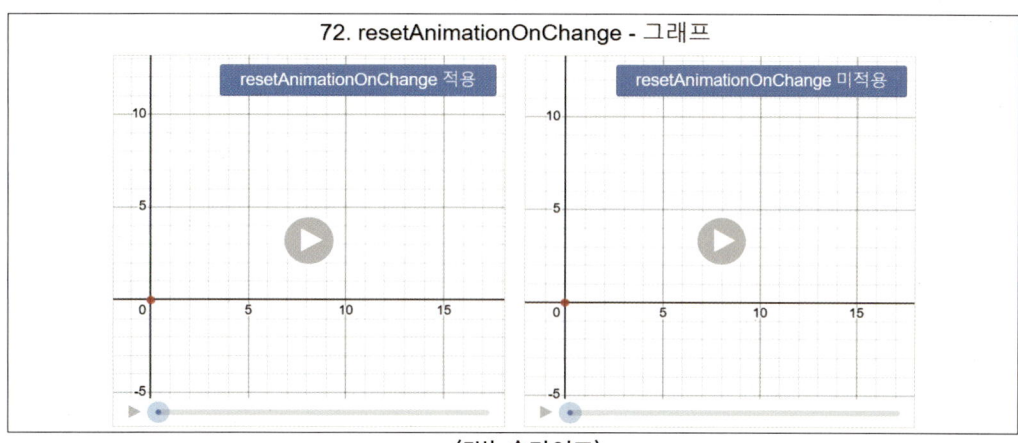

〈5번 슬라이드〉

3) 제작 방법

▶ 5번 슬라이드

resetAnimationOnChange가 적용된 부분만 만들어 보자.

① 그래프와 행동버튼을 불러오고, 행동버튼에는 이름을 입력한다.

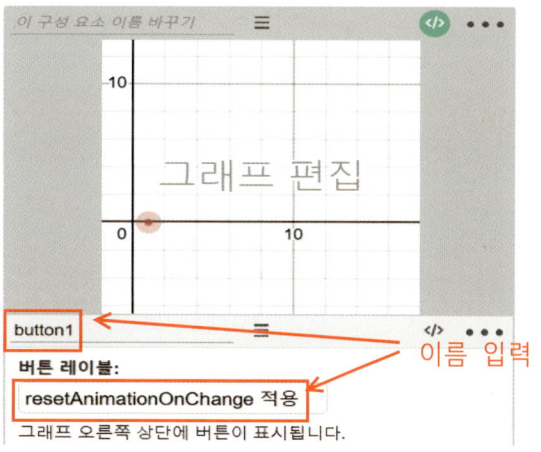

② 그래프 편집창에 수식을 입력하고 그래프 스크립트 편집창에 명령어를 입력한다.

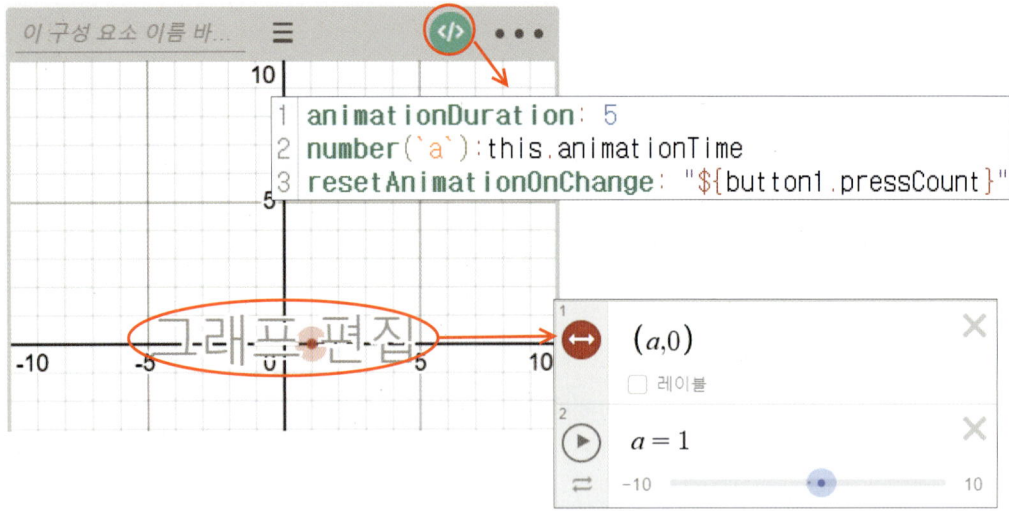

⇨ **수식 해석**: 점의 움직임을 표현하는 좌표를 입력한다.

⇨ **명령어 해석**
1행: 애니매이션 재생시간을 5초로 한다.
2행: 애니메이션 재생시간을 a라 한다.(그래프에서 a값으로 받아 점이 움직인다.)
3행: button1의 행동버튼을 누르면 애니메이션을 초기화한다.

73. resetLabel (reset버튼 이름 붙이기)

1) 명령어의 역할

resetLabel은 초기 상태로 되돌리는 버튼을 만들 때 사용하는 명령어이다. 되돌리는 버튼의 이름도 편집할 수 있다. 구성요소의 상태를 초기로 되돌려 여러 번 시도 또는 관찰해야하는 활동에 적용하면 좋다.

사용 가능 구성요소: 행동버튼, 수식입력란

2) 활용예시 체험

QR코드의 6번 슬라이드를 열어 '만들어 보기' 행동버튼을 눌러 보자. 원래 버튼자리에 '다시 해보기'라는 링크가 새로 생기고 클릭하면 그래프 화면의 모든 활동이 초기화 된다.

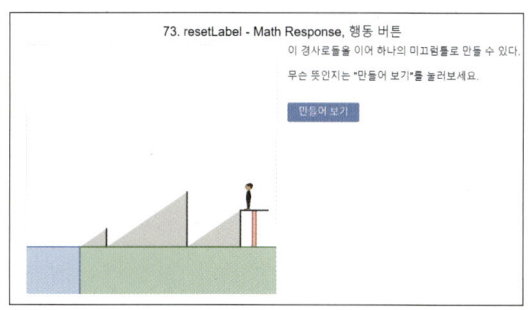
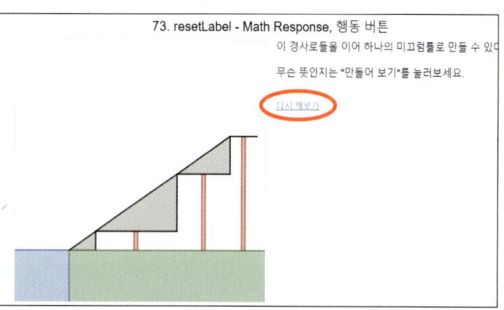

〈6번 슬라이드〉

3) 제작 방법

▶ 6번 슬라이드

① 그래프와 메모, 행동 버튼을 불러오고 메모에 내용, 행동버튼에 이름을 입력한다.

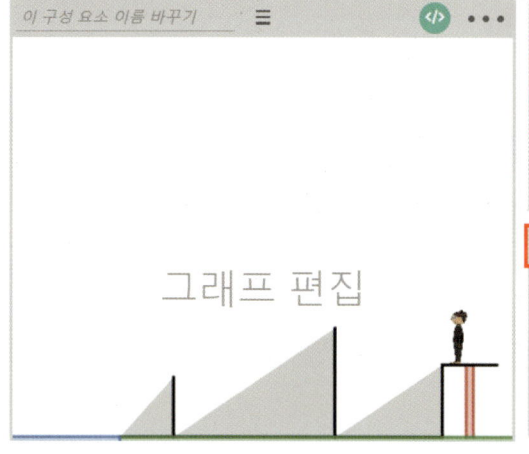
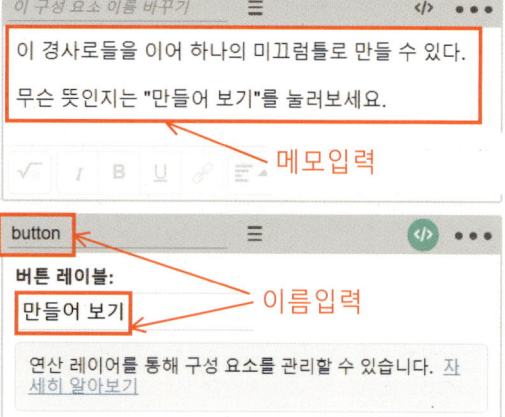

② 행동버튼의 스크립트창에 명령어를 입력한다.

⇨ **명령어 해석**

명령어의 따옴표 안의 문구가 리셋 버튼의 이름으로 나타난다.

③ 그래프 편집창을 열어 수식입력창에
https://www.desmos.com/calculator/5kytee8sgg 주소를 복사(Ctrl+C)하여 붙여넣기(Ctrl+V)한다.

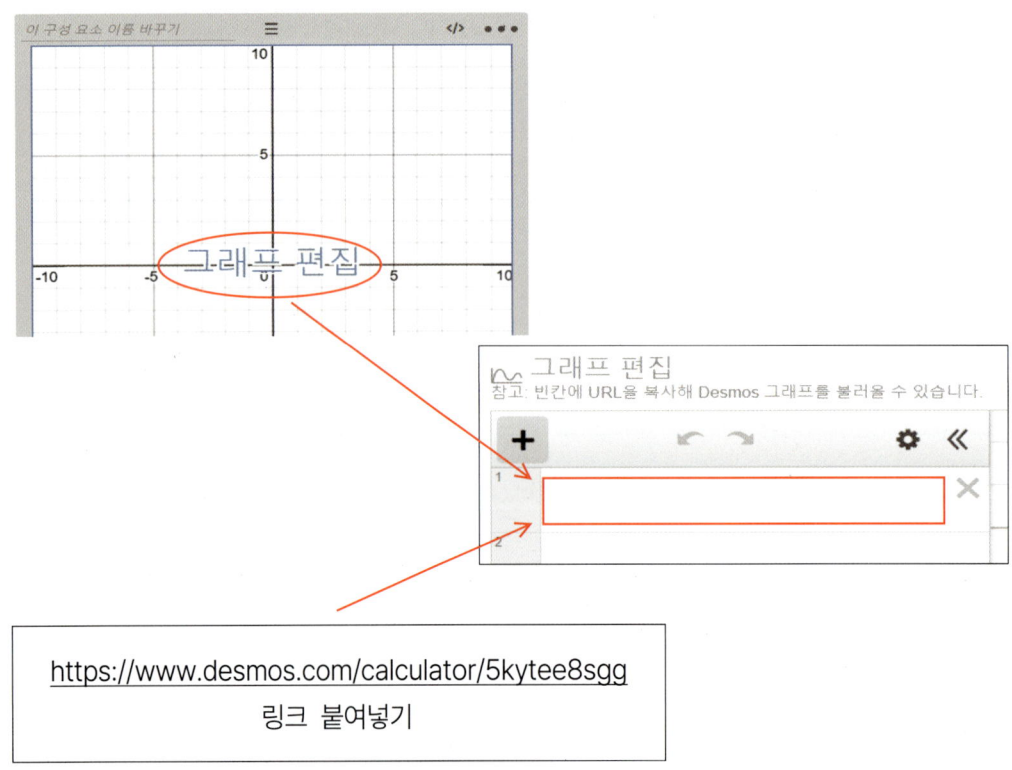

※ 그래프 출처: desmos 제공한 "Water Slide" 액티비티

④ 그래프의 스크립트 편집창을 열어 명령어를 입력한다.

```
1  number("T"): button.timeSincePress
2  readOnly: true
3  number("B_1"): 3
4  number("H_1"): 2
5  number("B_2"): 9
6  number("H_2"): 6
7  number("B_3"): 6
8  number("H_3"): 4
```

➪ 명령어 해석

　1행: button의 행동버튼을 누른 후 흐른 시간을 T라 한다.
　2행: 대시보드에 읽음처리한다.
　3행 ~ 8행: 그래프에 세 삼각형의 밑변과 높이 정의한다.

　　　B_1(첫 번째 삼각형의 밑변)= 3, H_1(첫 번째 삼각형의 높이)= 2
　　　B_2(두 번째 삼각형의 밑변)= 9, H_2(두 번째 삼각형의 높이)= 6
　　　B_3(세 번째 삼각형의 밑변)= 6, H_3(세 번째 삼각형의 높이)= 4

74. resetOnChange (효과의 초기화)

1) 명령어의 역할
resetOnChange는 구성요소를 초기화할 때 사용하는 명령어이다. 버튼을 눌렀을 때 나타났던 효과의 초기화, 수식입력란에 입력 내용 초기화, 그림판에서 그리는 그림 초기화하기 등 reset버튼 없이 여러 번 관찰하거나 수행하고 싶을 때 사용한다.
사용 가능 구성요소 : 행동버튼, 수식입력란, 객관식/체크박스, 그림판, 표

2) 활용예시 체험
QR코드의 7번 슬라이드를 열고 높이확인 버튼을 클릭해보자. 검은색 점으로 표시된 꼭짓점이 이동하면서 밑변까지 수선의 발이 나타날 것이다. 그런데 검은색 점을 다른 위치로 옮기는 순간 버튼을 클릭하여 나타난 효과가 모두 초기화된다.

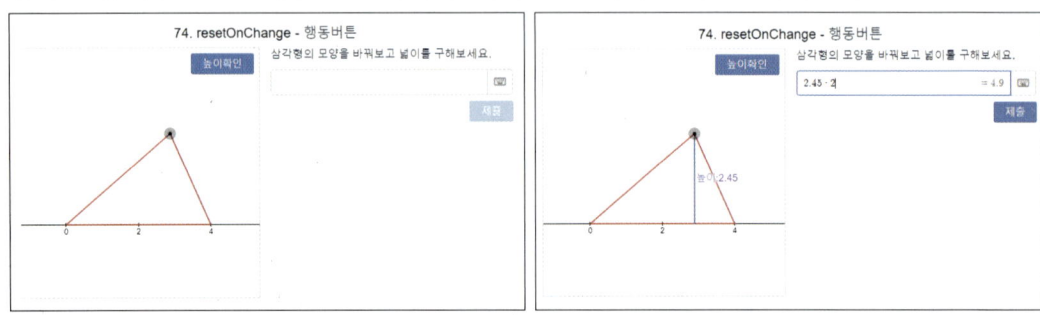

〈7번 슬라이드〉

8번 슬라이드는 그림판의 한붓그리기 문제에 resetOnChange 명령어를 적용하였다. 마우스를 뗀 후 다시 그리려는 순간 이미 그려진 그림이 자동으로 지워진다.

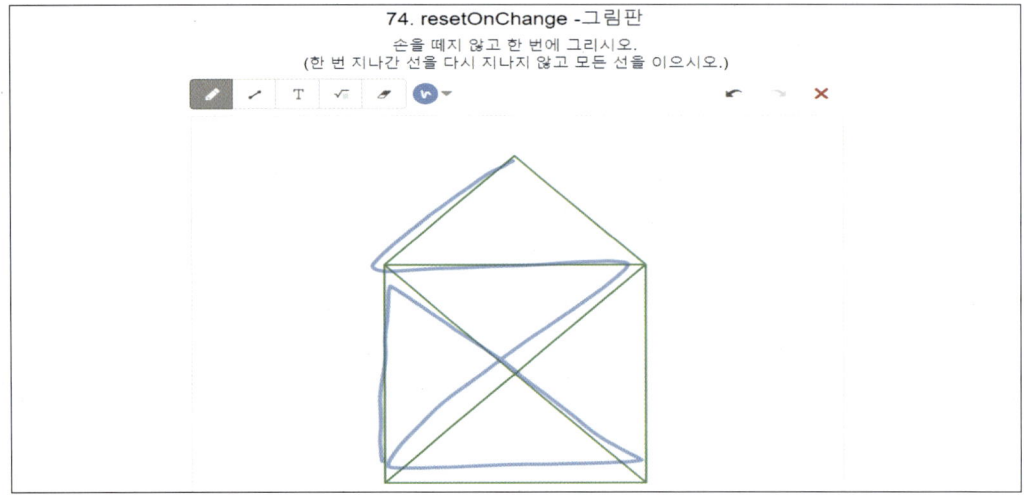

〈8번 슬라이드〉

3) 제작 방법

▶ 7번 슬라이드

① 그래프, 행동버튼, 메모, 수식입력란을 불러온다. 그래프에, 버튼의 이름, 메모의 내용을 입력한다.

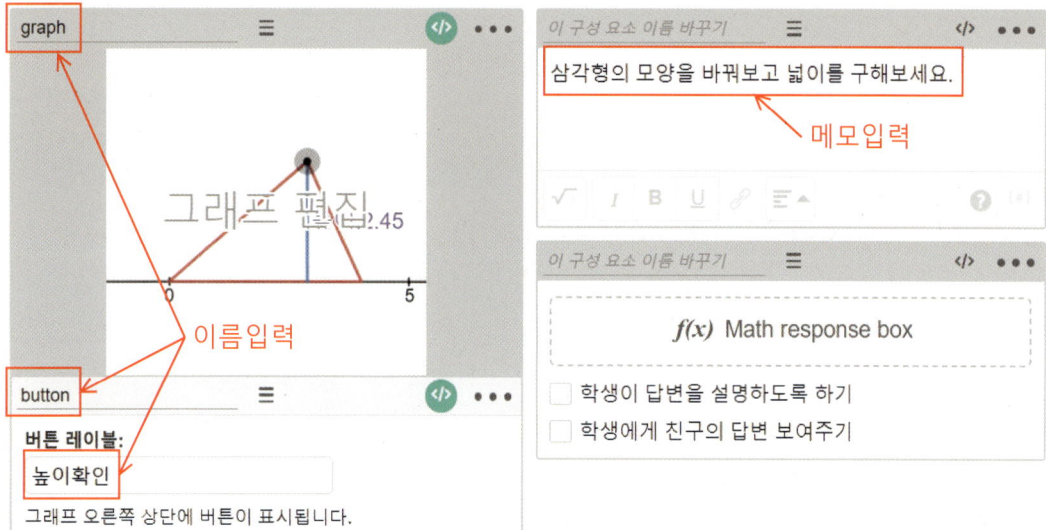

② 행동버튼의 스크립트창에 명령어를 입력한다.

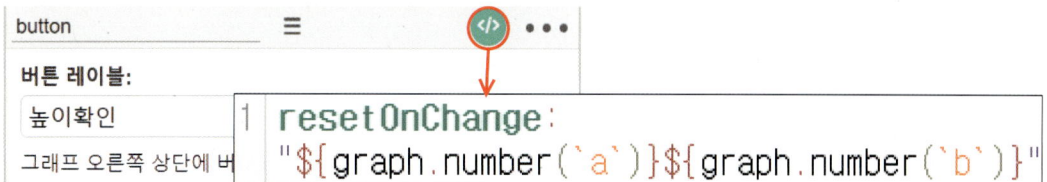

⇨ **명령어 해석**: 그래프의 변수 a, b가 바뀌면 그래프를 클릭하여 얻은 효과가 모두 초기화 된다. resetOnChange는 문자열을 인식하므로 그래프의 변수 숫자를 "${ }"로 감싸서 표현한다.

③ 그래프의 스크립트 편집창에 명령어를 입력하고 그래프 편집창을 열어 수식을 입력한다.

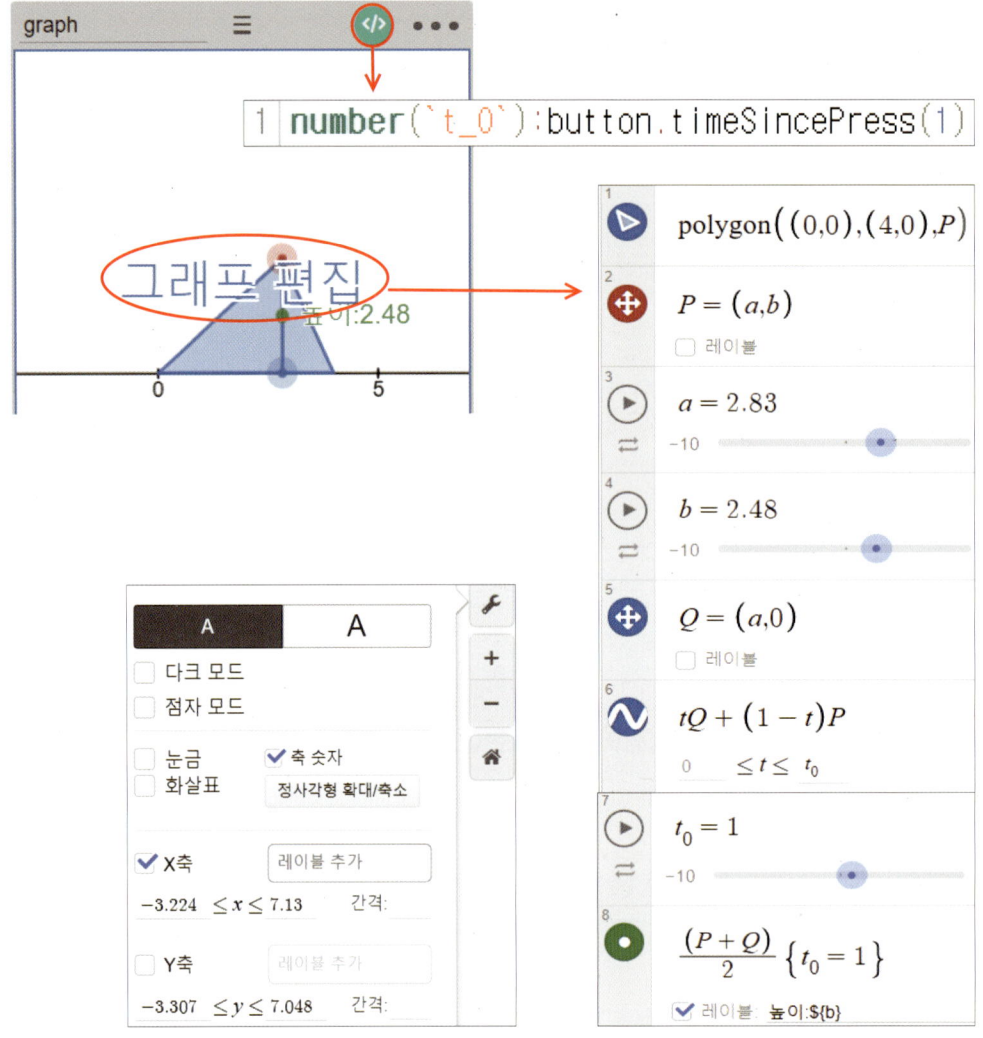

⇨ **수식 해석**

   삼각형을 그리는 수식을 입력하고, 높이를 예측하지 못하도록 눈금과 y축을 지운다.
   1행: 세 꼭지점으로 삼각형을 나타냄
   2행: 움직이는 점 P 를 입력함
   6행: 점 P 와 Q 를 $t : 1-t$ 로 내분하는 식 (t 의 범위는 $0 \leq t \leq t_0$ 임)
   8행: 두 점 P, Q 의 중점에 레이블로 높이가 나타나게 함

▶ 8번 슬라이드

① 그림판을 불러오고 배경을 편집 가능한 그래프로 선택하고 그래프 편집창을 열어 왼쪽 위의 ➕ 누른 후 표를 선택한다.

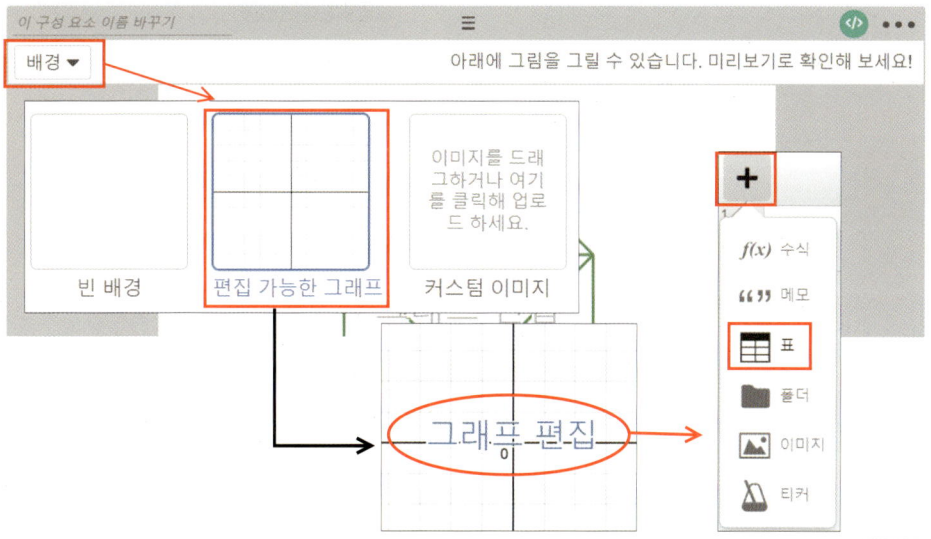

② 한붓그리기 바탕 그림을 그리기 위해 표에 숫자를 입력하고 상단 톱니바퀴 ⚙ 를 이용하여 점들을 선으로 연결한다.

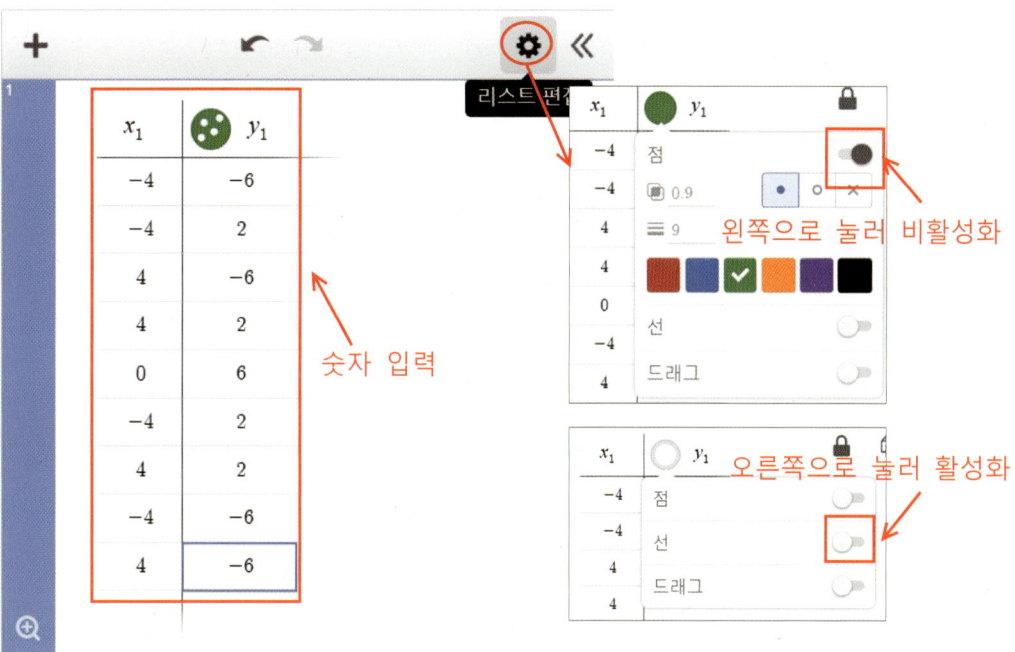

75

③ 그림만 남기기 위해 그래프 설정 🔧 에서 **x축**, **y축**, 눈금을 지운다.

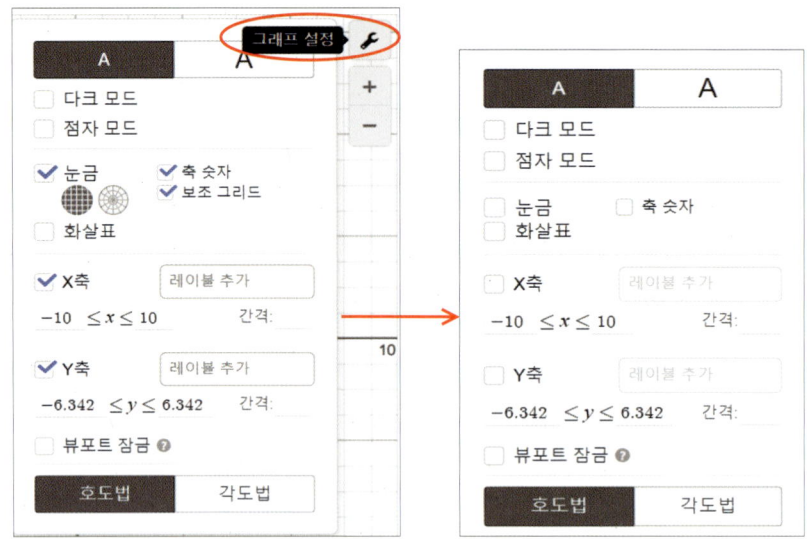

④ 그래프 스크립트 편집창을 열고 명령어를 입력한다.

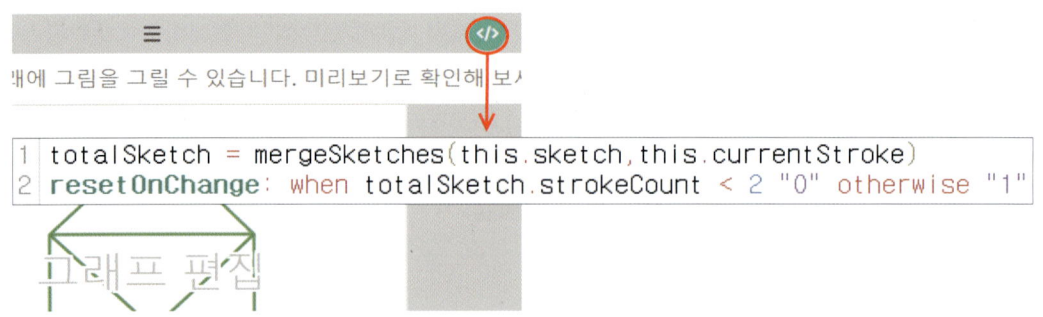

▷ **명령어 해석**

　　1행: 이미 그려진 그림(sketch)와 현재 그리고 있는 그림(currentStroke)을 합친다.
　　2행: 그린 횟수가 1보다 클 때 그림(sketch)을 초기화한다.

※ resetOnChange는 뒤에 지정된 문자열이 바뀔 때 기능이 초기화된다. 2행에 적힌 명령어는 totalSketch.strokeCount<2 일 때에는 문자열 0을 취하고 그렇지 않을 때는 문자열 1을 취하게 함으로써 문자열 변화를 유도한다.

⑤ 스크린 스크립트 편집창에 명령어를 입력한다.

```
1 subtitle: "손을 떼지 않고 한 번에 그리시오.
2 (한 번 지나간 선을 다시 지나지 않고 모든 선을 이으시오.)"
```

▷ **명령어 해석**: 따옴표 안의 내용이 부제목으로 나타난다.

75. resetStyle (reset버튼 스타일 설정하기)

1) 명령어의 역할

resetStyle은 명령어가 적용되어있는 상태일 때 버튼 스타일(red, default, link, white)을 설정하는 명령어이다. 기본 버튼은 "link"를 사용한다.

사용 가능 구성요소: 행동버튼

2) 활용예시 체험

QR코드의 9번 슬라이드를 열고 행동버튼을 누른 후 나타나는 reset버튼을 관찰해보자. 예시로 빨간색 버튼이 보이게 하였다.

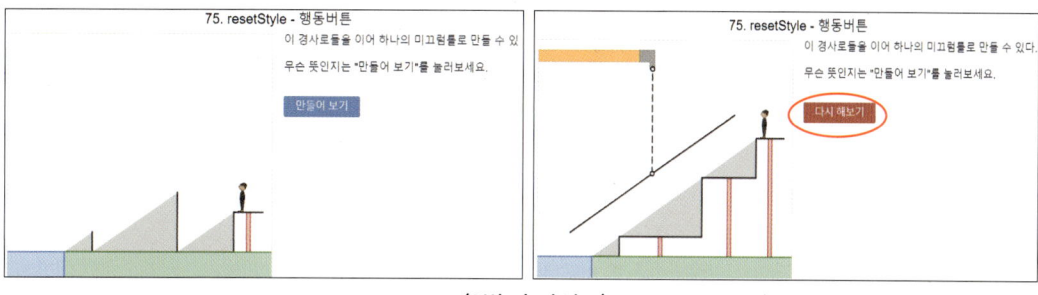

〈9번 슬라이드〉

3) 제작 방법

▶ 9번 슬라이드

① **6**번 슬라이드를 복사한다.
② 행동버튼의 스크립트 편집창에 **resetStyle** 명령어를 추가한다.

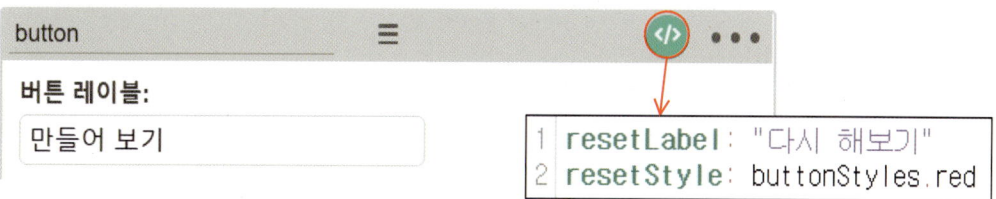

※ resetStyle로 가능한 버튼의 종류는 다음과 같다.

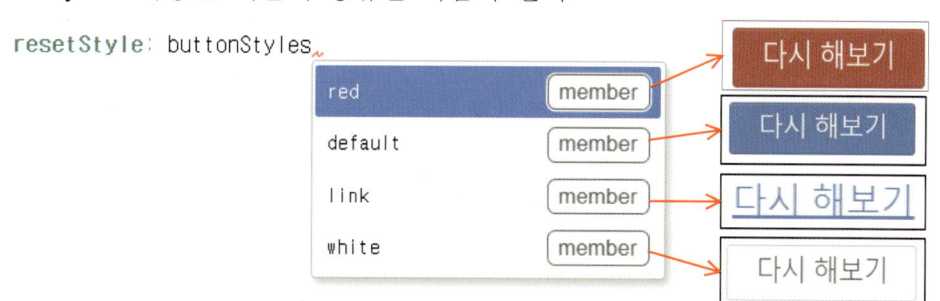

76. saveOnChange (그래프 상태 저장하기)

1) 명령어의 역할

saveOnchange는 그래프에서 연속적인 변수의 실행 상태를 저장하는 명령어이다. 한 슬라이드에서 연속적으로 변하는 변수를 실행시킨 후 다른 슬라이드를 체험하고 되돌아오면 처음에 실행시킨 변수는 초기화 되어 있거나 변수가 취할 수 있는 마지막값으로 설정된다. saveOnChagne는 다른 슬라이드로 넘어가기 직전의 변수값을 저장하고 다시 돌아왔을 때 저장된 값부터 실행되도록 해주는 명령어이다.
사용 가능 구성요소: 그래프

2) 활용예시 체험

QR코드의 10번 슬라이드를 열고 시작을 누른 후 다른 화면으로 이동해 보자. 잠시 후 되돌아와 두 그래프를 비교한다. 왼쪽은 saveOnChange가 적용되어 다른 화면으로 이동한 순간부터 변수가 실행되고 오른쪽 화면은 처음부터 다시 실행된다.

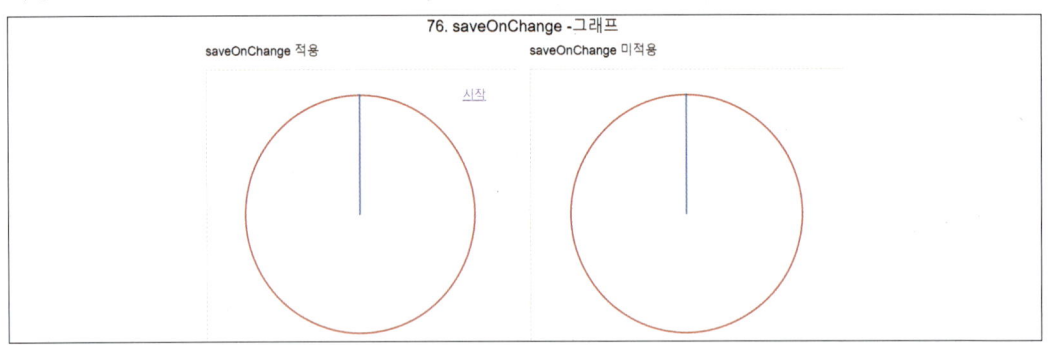

〈10번 슬라이드〉

3) 제작 방법

▶ 10번 슬라이드

① 메모 **2**개, 그래프 **2**개를 불러오고 두 메모에 문구, 두 그래프에 이름을 입력한다.

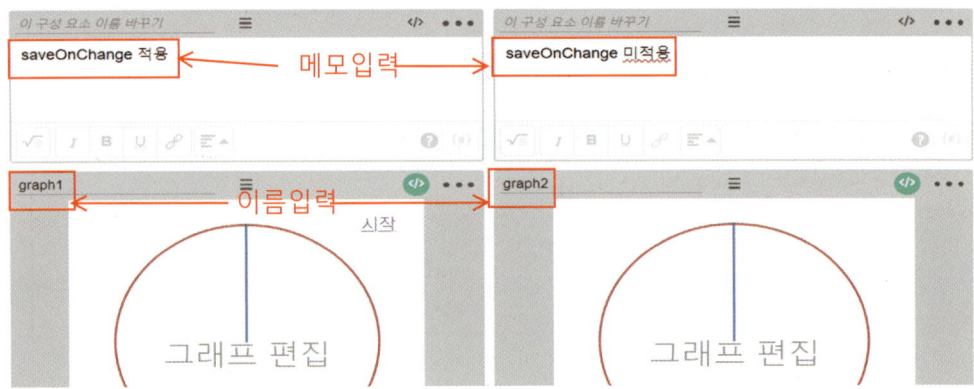

78 desmos 명령어 50개 익히기

② 그래프의 스크립트 편집창에 명령어, 그래프 편집창에 수식을 입력한다.

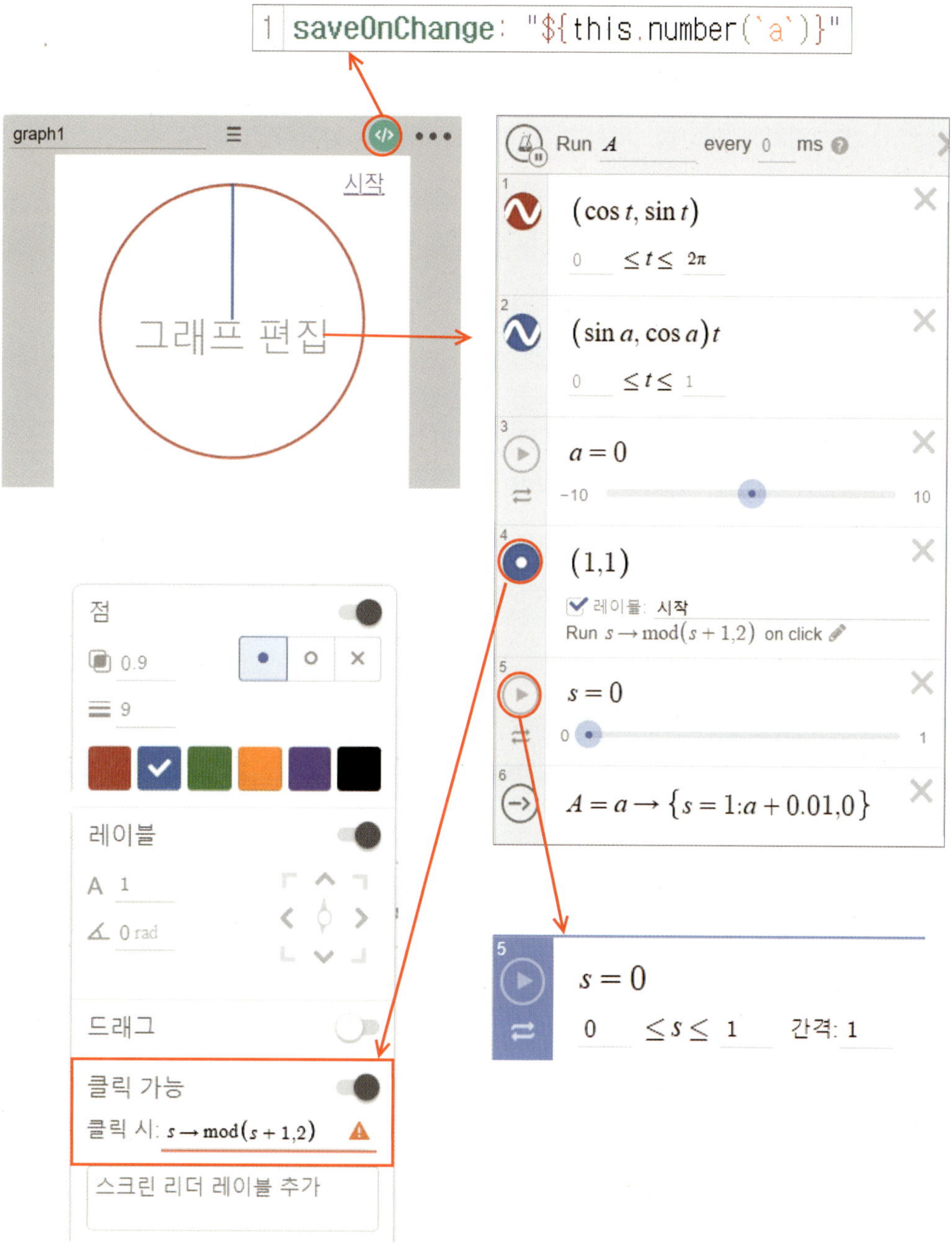

```
1  saveOnChange: "${this.number(`a`)}"
```

graph1

시작

그래프 편집

Run A every 0 ms

1. $(\cos t, \sin t)$
   $0 \leq t \leq 2\pi$

2. $(\sin a, \cos a)t$
   $0 \leq t \leq 1$

3. $a = 0$
   -10 ⸺ 10

4. $(1,1)$
   ☑ 레이블: 시작
   Run $s \to \mod(s+1, 2)$ on click

5. $s = 0$
   0 ⸺ 1

6. $A = a \to \{s = 1: a + 0.01, 0\}$

점
0.9
9

레이블
A 1
∠ 0 rad

드래그

클릭 가능
클릭 시: $s \to \mod(s+1, 2)$ ⚠

스크린 리더 레이블 추가

5. $s = 0$
   $0 \leq s \leq 1$ 간격: 1

⇨ **수식 해석**
   1행: $(\cos t, \sin t)$는 원을 표현한다. t 범위의 최대값을 2π로 입력한다.
   2행: 원점과 $(\sin a, \cos a)$이 양 끝점인 선분을 표현한 것이다.

※ 시계방향으로 회전하는 선분을 나타내기 위해 $(\sin a, \cos a)$로 입력하였다.

   4행: $(1,1)$ 위치의 레이블 '시작'이 클릭 가능하도록 설정하였다.

※ 클릭 시 변화 조건은 Run $s \to \mod(s+1, 2)$ on click 로 입력하였다. '시작'을 클릭하면 변수 s는 1을 더한 후 2로 나눈 나머지 값으로 재정의된다. 즉, 처음 s의 값이 0이라면 홀수 번째 클릭한 값은 1이고, 짝수 번째 클릭한 값은 0이다.

   6행: '시작'을 클릭했을 때 a를 실행시켜 $(\sin a, \cos a)$가 시계방향으로 회전하는 효과를 얻고 싶다면 티커 기능을 사용해야한다. 아래 명령어에서 A는 s가 1일 때는 a를 연속적으로 0.01씩 커지게 하고, s가 1이 아닐 때 a는 0으로 초기화하겠다는 규칙을 저장한 변수이다.

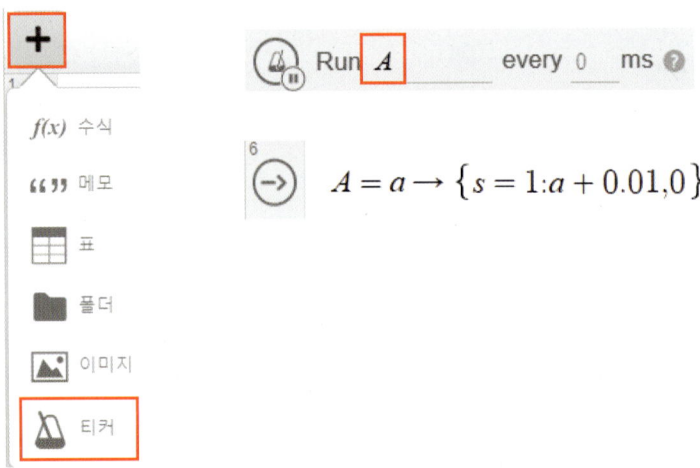

※ 를 클릭하여 티커를 실행시키면 수식창에 적힌 a 와 s 에 대한 슬라이더는 자동으로 비활성화된다.

⇨ **명령어 해석** (saveOnChange: "${this.number('a')}")
   변수 a의 변화상태를 유지함

③ 두 번째 그래프의 스크립트 편집창에 명령어, 그래프 편집창에 **graph1**과 수식을 똑같이 입력한 후 **4**행의 점과 레이블이 보이지 않도록 설정한다.

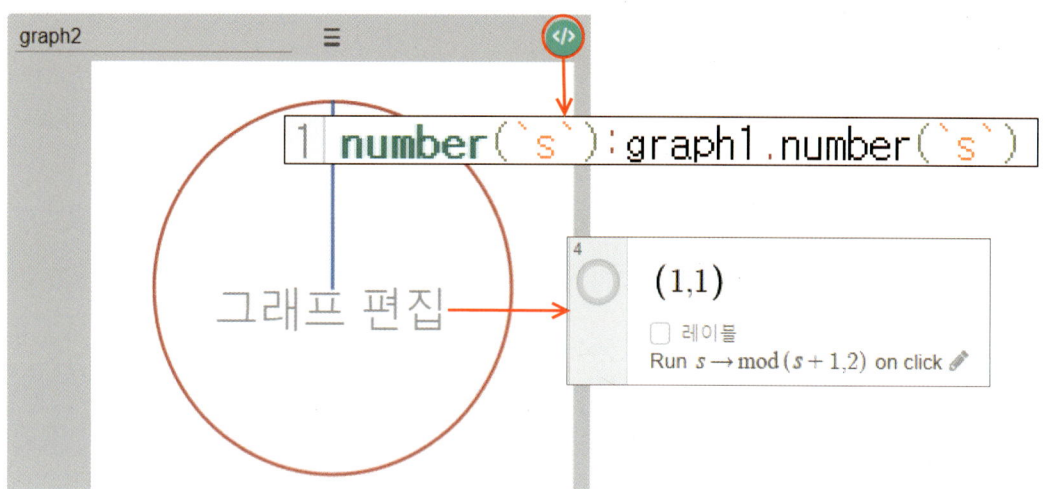

⇨ **명령어 해석**: graph2의 s는 graph1의 s를 사용한다.

77. showExplain (특정 답변에서 설명하기 상자 보이기)

1) 명령어의 역할

showExplain은 수식입력란에서 특정 조건인 경우에만 이유를 설명할 수 있는 입력상자가 나오도록 설정하는 명령어이다. 객관식, 체크박스에서는 "학생이 답변을 설명하도록 하기"에서 특정 선택지에만 답변을 설명하도록 유도할 때 사용한다.

사용 가능 구성요소: 수식입력란, 객관식/체크박스

2) 활용예시 체험

QR코드의 11번, 12번 슬라이드를 살펴보자.

11번 슬라이드는 5를 입력했을 때만 "이유를 설명해 주세요." 메시지가 뜬다.

12번 슬라이드는 '아니오'를 선택했을 때만 "이유를 설명해 주세요." 메시지가 뜬다.

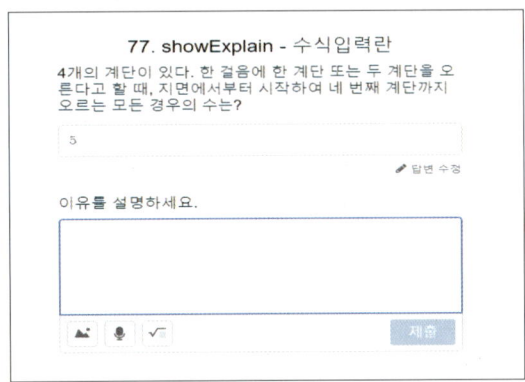

〈11번 슬라이드〉

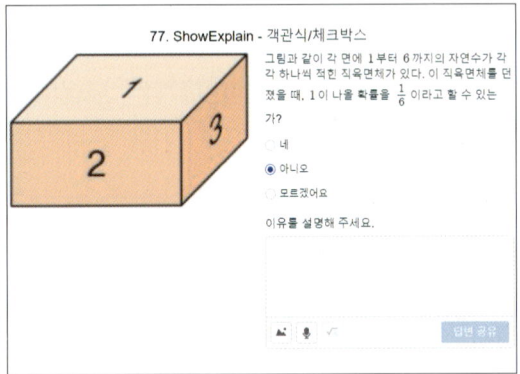

〈12번 슬라이드〉

3) 제작 방법

▶ 11번 슬라이드

① 메모, 수식입력란을 불러오고, 메모의 내용을 입력한다.

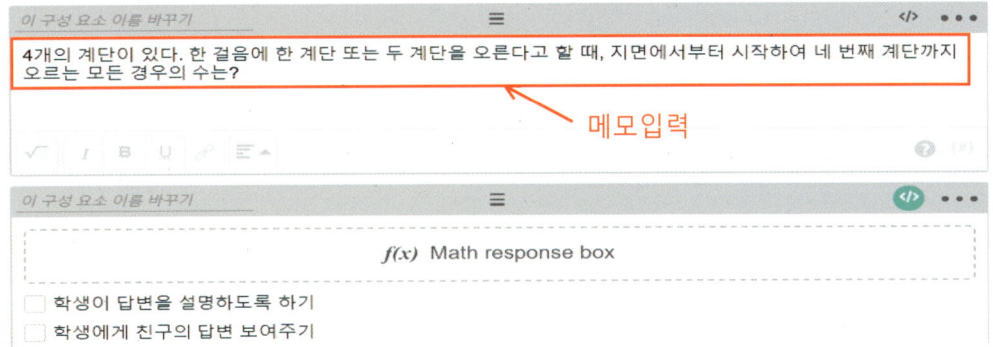

② 수식입력란의 스크립트 편집창에 명령어를 입력한다. 반드시 학생이 답변을 설명하도록 하기에 체크한다. (체크하지 않을 경우 이유를 묻는 부분이 나타나지 않는다.)

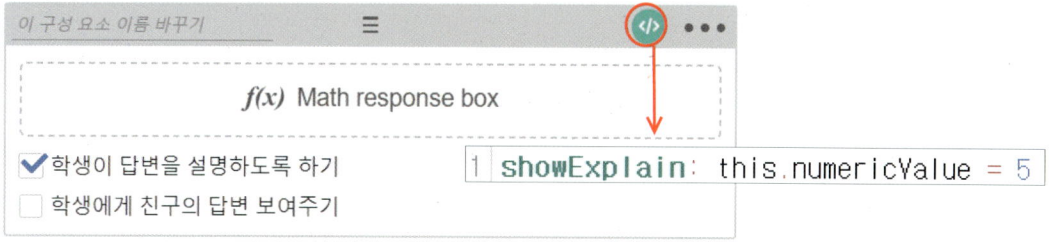

⇨ **명령어 해석**

답으로 5를 입력했을 때만 showExplain이 실행되어 "이유를 설명해 주세요"가 나타난다.

▶ **12번 슬라이드**

① 미디어, 메모, 객관식 문제를 불러온다. 미디어에 적절한 사진을 업로드하고 메모에 내용을 입력, 객관식에 보기를 입력한다.

② 객관식의 스크립트 편집창에 명령어를 입력한다.

※ 체크박스에서는 '학생이 답변을 설명하도록 하기' 체크여부는 상관없다.

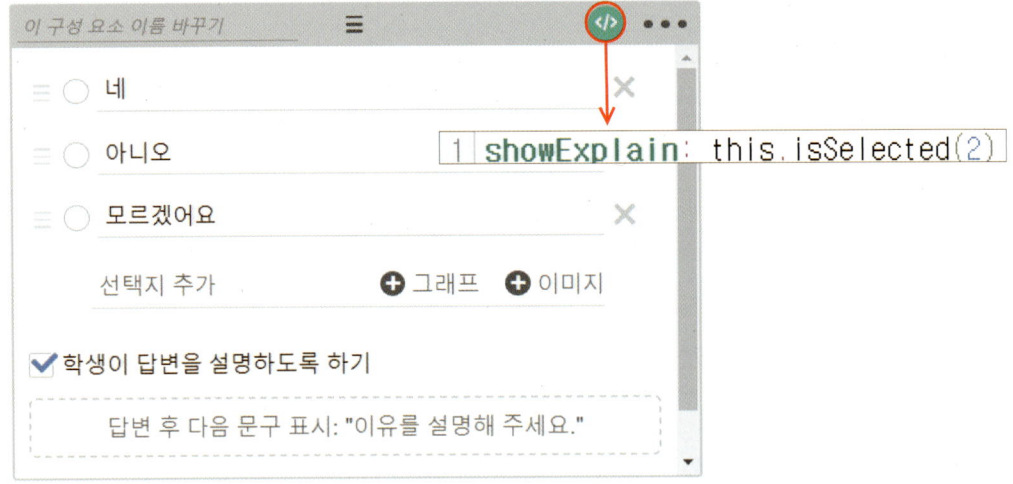

⇨ **명령어 해석**

　　두 번째 보기를 선택한 경우에만 "이유를 설명해 주세요." 문구와 내용입력창이 뜬다.

※ 세 번째 보기를 선택한 경우에만 "이유를 설명해 주세요." 문구와 내용입력창을 만드려면 명령어의 괄호부분만 바꿔주면 된다.
showExplain: this.isSelected(3)

78. showPeerResponses (수식입력란에서 친구의 답변 보기)

1) 명령어의 역할

showPeerResponses는 답변을 친구들과 공유할 수 있게 하는 명령어이다. 보통 수식입력란은 구성요소 중 같은 열의 가장 마지막에 배치할 때만 오른쪽의 체크박스가 활성화된다. showPeerResponses를 이용하면 수식입력란이 구성요소의 중간에 있을 때도 친구들과 답변을 공유할 수 있다.

☐ 학생이 답변을 설명하도록 하기
☐ 학생에게 친구의 답변 보여주기

사용 가능 구성요소: 수식입력란

2) 활용예시 체험

QR코드의 13번을 열어 두 수식입력란에 답을 적고 아래 버튼을 클릭해보자. 왼쪽 입력값은 친구들과 공유되고 오른쪽 입력값은 공유되지 않는다.

〈13번 슬라이드〉

3) 제작 방법

▸ **13번 슬라이드**

showPeerResponses가 적용된 왼쪽 화면만 만들어보자.

① 메모, 수식입력란, 메모, 체크박스를 불러오고 메모에 문구, 수식입력란에 이름, 체크박스에 보기를 입력한다.

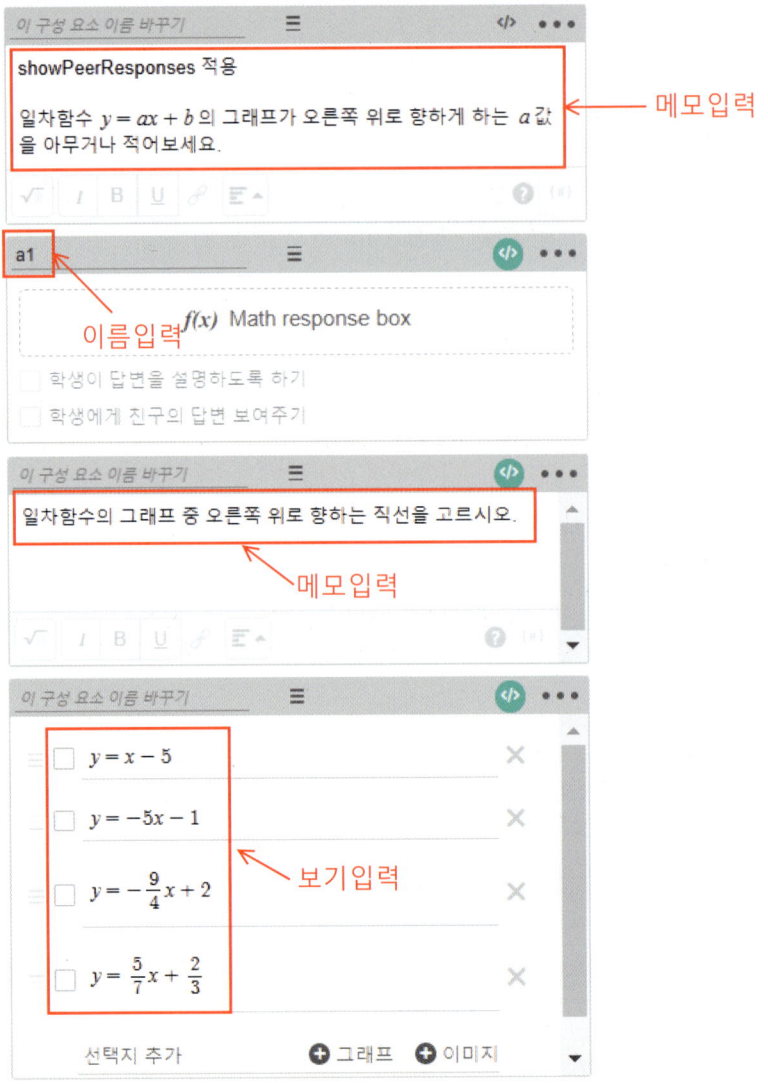

② 수식입력란 스크립트 편집창에 명령어를 입력한다.

▷ 명령어 해석
수식입력란에 답변을 입력하면 친구들과 답변을 공유한다.

③ 두번째 메모와 체크박스 스크립트 편집창에 명령어를 입력한다.

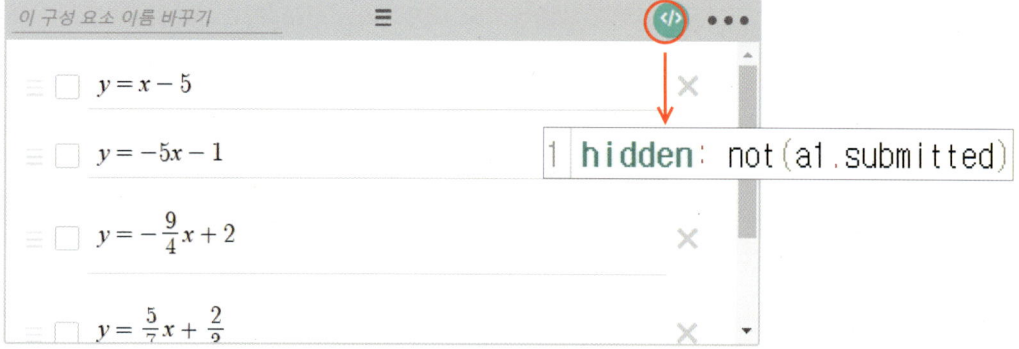

▷ 명령어 해석
이름이 a1인 수식입력창을 제출하기 전까지 숨긴다.

79. showSubmitButton (제출 버튼 만들거나 삭제하기)

1) 명령어의 역할

showSubmitButton은 제출버튼의 생성 여부를 설정하는 명령어이다. 체크박스, 수식입력란은 기본적으로 제출버튼이 생성되지만 화면구성의 편의를 위해 안보이게 할 수 있다. 또한 객관식 문제/체크박스는 제출버튼을 만들 수 있다.

사용 가능 구성요소 : 객관식/체크박스, 수식입력란, 텍스트입력란

2) 활용예시 체험

QR코드의 14번, 15번 슬라이드를 살펴보자. 14번 슬라이드는 객관식 문제에 제출 버튼을 나타나게 하였고 15번은 텍스트입력란에 제출버튼이 안 보이게 하였다.

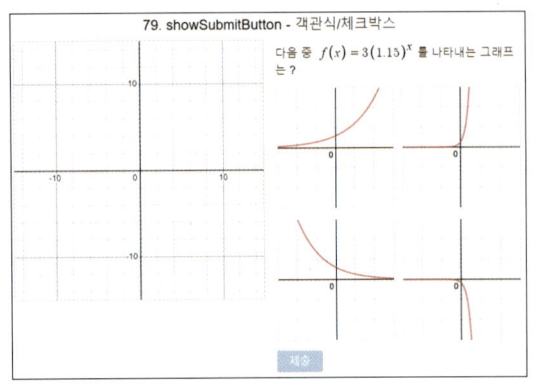

〈14번 슬라이드〉

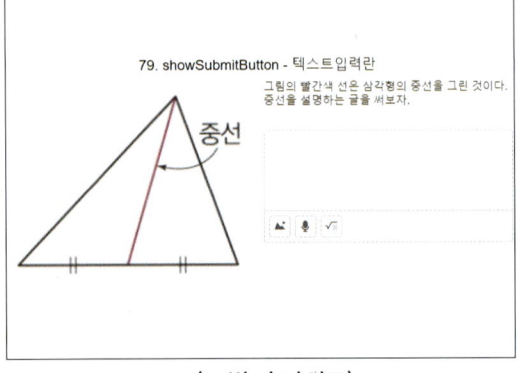

〈15번 슬라이드〉

3) 제작 방법

▶ 14번 슬라이드

① 그래프, 메모, 객관식을 불러오고 메모에 내용과 객관식의 이름을 입력한다.

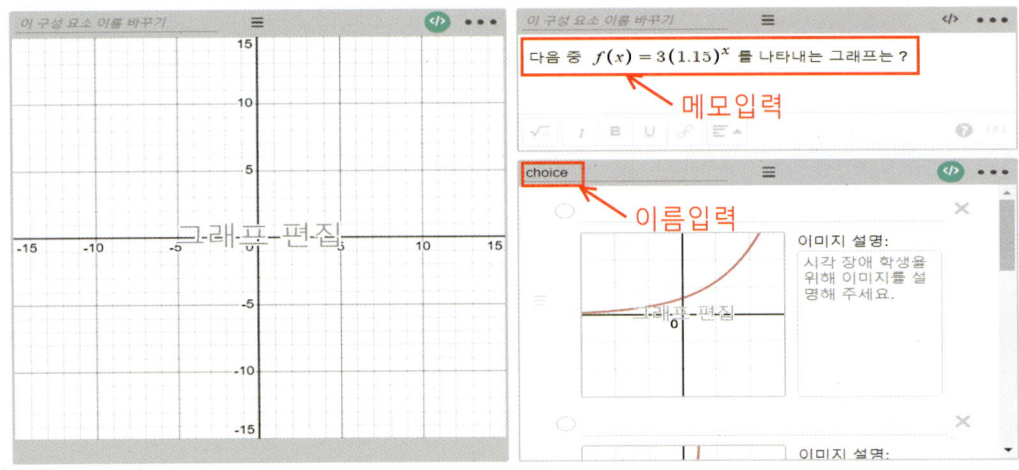

② 객관식에 보기를 만들고 객관식 스크립트 편집창에 명령어를 입력한다.

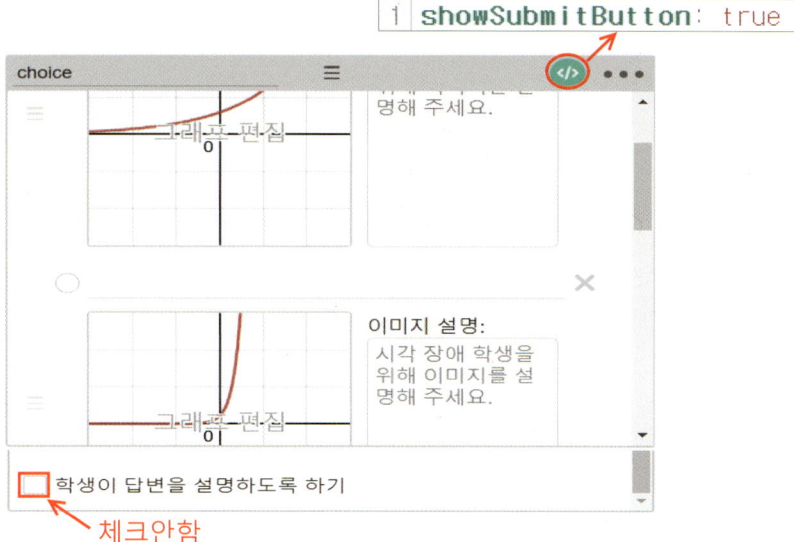

⇨ **명령어 해석**: 제출버튼이 나타나게 한다.

③ 그래프 편집창을 열어

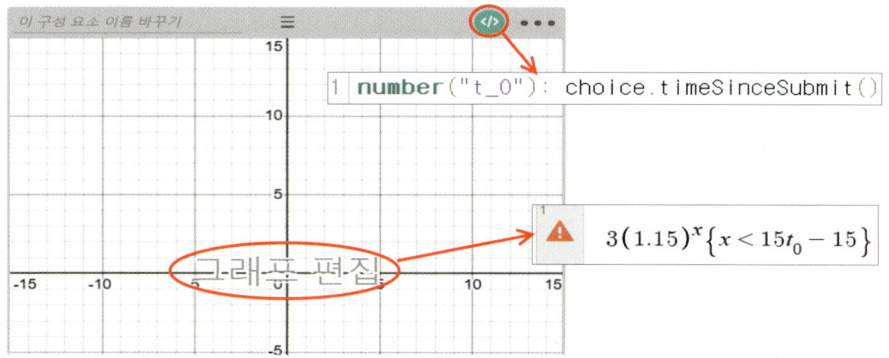

⇨ **수식 해석**: $f(x) = 3(1.15)^x$ 그래프를 입력한다. 객관식의 제출버튼을 누른 후 그래프가 그려지는 모양을 관찰하기 위해 x의 범위를 $x < 15t_0 - 15$로 한다.(t_0는 객관식 문제의 제출버튼을 누른 후 흐른 시간으로 정의할 것이다. t_0의 값이 $0, 1, 2$로 변함에 따라 정의역도 $x < -15, x < 0, x < 15$로 변하면서 $f(x)$그래프가 서서히 나타나는 효과를 얻을 수 있다.)

⇨ **명령어 해석**
변수 t_0는 이름이 choice인 객관식 문제의 제출버튼을 누른 후 흐른 시간을 받아온다.

▶ 15번 슬라이드

① 미디어, 메모, 텍스트입력란을 불러오고, 미디어에 이미지 업로드, 메모에 내용을 입력한다.

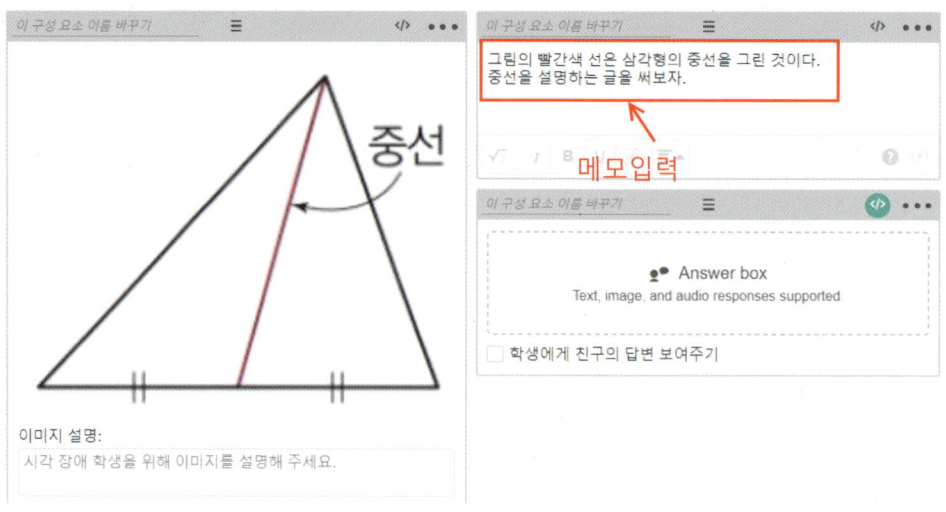

② 텍스트입력란의 스크립트 편집창에 명령어를 입력한다.

⇨ **명령어 해석**: 제출 버튼을 없앤다.

80. simpleFunction (함수로 인식)

1) 명령어의 역할

simpleFunction은 입력한 수식을 함수로 받아들이게 해주는 명령어이다.

주로 쓰이는 명령어 형태는 function('f'):simpleFunction(input.latex)이다. 즉 이름이 input인 구성요소에 입력한 수식(latex)을 함수로 받아들여 그래프에 입력해 둔 함수 f에 저장하고 구현하게 해 준다. function(36번)에서 simpleFuncion의 기본적인 활용을 다뤘기 때문에 이 장에서는 두 변수 x, y에 대한 변환을 구현하는 방법을 소개하고자 한다.

사용 가능 구성요소: 그래프, 그림판

2) 활용예시 체험

QR코드의 16번 슬라이드를 열어 그림판에 여러 가지 그림을 그려보자. 그러면 내가 그린 그림 외에 또 다른 그림이 일정한 규칙에 의해 그려지는 것을 볼 수 있다.

※ 그려진 그림 위의 점들을 (x,y)라고 두면 저절로 그려진 그림 위의 점들의 좌표는 $(x+y, x-y)$가 되도록 설정해 놓았다.

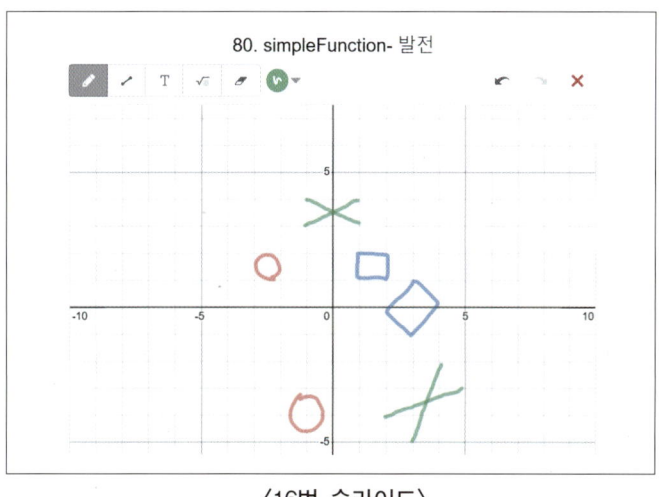

⟨16번 슬라이드⟩

simpleFunction으로 변환된 그림을 추가하여 나타내어보자.

3) 제작 방법

▶ 16번 슬라이드

① 그림판을 불러오고 배경을 편집 가능한 그래프로 설정한다.

② 그래프 스크립트 편집창에 명령어를 입력한다.

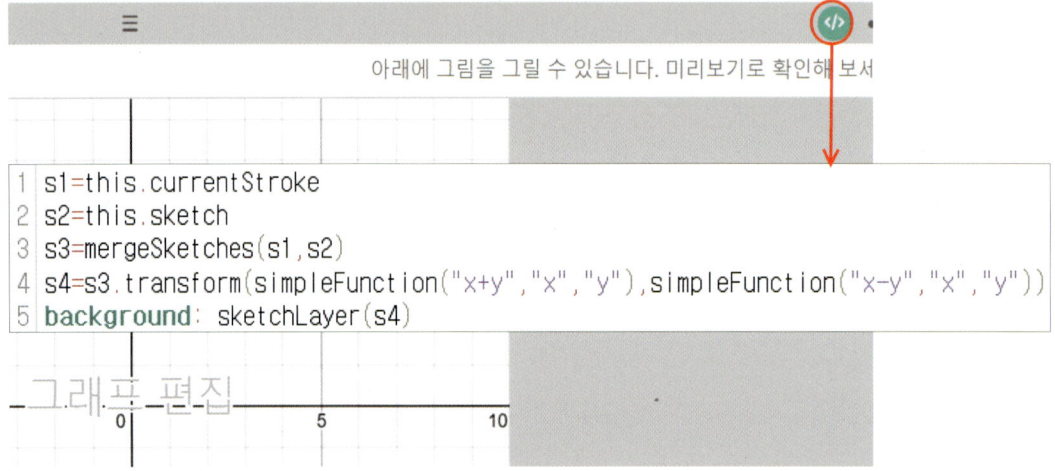

⇨ 명령어 해석

1행: 현재 그리는 중인 그림을 s1으로 저장한다. (s1은 마우스를 떼면 사라짐)

2행: 그림을 s2로 저장한다.(s2는 마우스로 그리는 중에는 안보임)

3행: 그림 s1과 s2를 합쳐서 s3로 저장한다.

4행: s3 그림을 이루는 점들의 좌표를 (x, y)라고 하자. 그 점들을 $(x+y, x-y)$로 변환한 점들은 s4라는 이름으로 저장한다.

5행: 그림판 배경에 변환된 그림인 s4가 나타나게 한다.

※ 명령어의 currentStroke, sketch, sketchLayer는 다음 페이지에서 자세히 다룬다.

※ Function 명령어 정리

1. parseEquation

이 명령어는 수식입력란에 입력된 식을 방정식으로 인식한다. 이때, 방정식은 좌변과 우변을 구분한다.

2. simpleFunction

이 명령어는 그래프와 연계해서 함수를 정해준다. 수식입력란에 입력된 식을 그래프로 함수를 가져온다. 이때, 입력된 식은 방정식의 형태로 입력하지 않도록 주의한다.

`function("f"): simpleFunction(`<u>equationInput.latex</u>, <u>"x"</u>`)`
　　　　　　　　　　　　　　　　식　　　　　　　　　변수

⇨ **명령어 해석**: 수식입력란에 입력된 식(방정식 아님)을 x에 관한 함수 f로 한다.
단, $y = x$와 같이 '$y =$'의 꼴은 인식하지만 $x = y$와 같이 입력하면 인식하지 못하므로 주의한다.

※ 그래프와 연계해서 사용할 때, 그래프에 오른쪽 그림과 같이 입력해야함. $f(x) = 0$으로 입력하면 인식하지 못함.

3. differenceFunction

이 명령어는 simpleFunction과 마찬가지로 그래프와 연계하여 함수를 정해준다. 수식입력란에 나타난 식이 방정식일 때, (좌변)-(우변)을 식으로 만들고 이를 함수로 나타나게 한다.

`function("f"): `<u>parseEquation(input.latex)</u>`.differenceFunction(`<u>"x","y"</u>`)`
　　　　　　　　　　방정식　　　　　　　　　　　　　　　　　변수

⇨ **명령어 해석**: 수식입력란에 입력된 방정식을 x, y에 관한 함수로 한다.

※ 그래프와 연계해서 사용할 때, 그래프에 오른쪽 그림과 같이 입력해야함. $f(x,y) = 0$으로 입력하면 인식하지 못함.

81. sketch (그리기)   82. sketchLayer (그림 쌓기)

1) 명령어의 역할
  sketch: 그림판에 그려진 그림을 가져올 때 사용하는 명령어이다.
  sketchLayer: 그림판의 그림을 겹쳐 보이게 하는 명령어이다.
사용 가능 구성요소: 그림판

2) 활용예시 체험
QR코드의 17번 슬라이드는 두 개의 그림판과 두 개의 그래프로 구성되어 있다. 두 그림판에 각각 그림을 그리고 아래 그래프를 관찰해보자. sketch 적용이 적힌 왼쪽 그림판 아래 그래프는 마우스를 뗀 후 완성된 그림만 나타난다. currentStroke 적용이 적힌 오른쪽 그림판 아래 그래프에는 마우스로 그리는 도중의 그림만 나타나고 마우스를 떼면 그림이 사라진다.

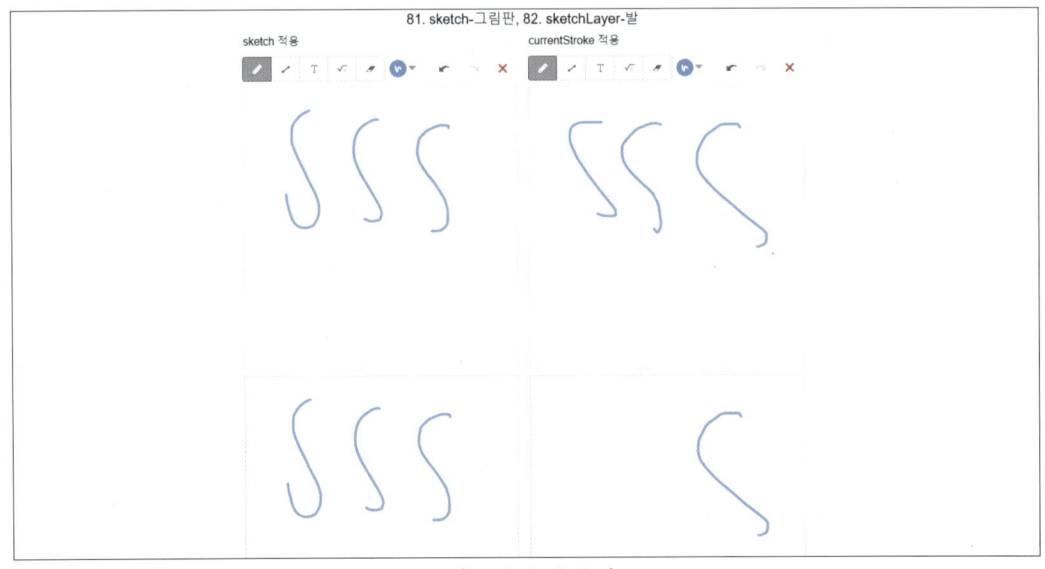

〈17번 슬라이드〉

17번 슬라이드를 따라 만들어 보면서 명령어 sketch와 currentStorke의 차이점을 구분해 보자. 또한 sketchLayer로 그림판에서 그린 그림을 다른 그림판이나 그래프의 배경화면 으로 불러오는 방법을 알아보자.

3) 제작 방법

▶ 17번 슬라이드

① 두 개의 그림판과 두 개의 그래프를 불러오고 두 그림판에 이름을 입력한다.
그림판의 배경은 그래프 편집을 선택하고 네 개의 구성요소에 좌표축과 눈금을 안 보이게 한다.

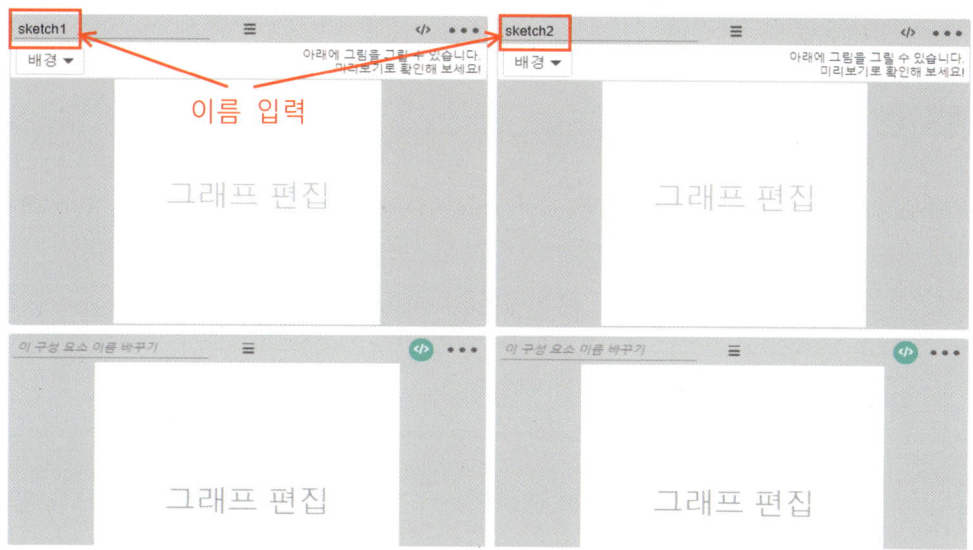

두 그래프의 스크립트 편집창에 명령어를 입력한다.

⇨ 명령어 해석(왼쪽 그래프)

그래프에서 그린(sketch) 그림을 쌓아올려(sketchLayer) sketch1의 배경(background)으로 한다.

⇨ 명령어 해석(오른쪽 그래프)

그래프에서 그리는 중인 그림(currentStroke)을 쌓아올려(sketchLayer) sketch1의 배경(background)으로 한다.

83. smartStrokeJoining (선 연결)

1) 명령어의 역할

smartStrokeJoining은 마우스로 그래프를 그릴 때 어색하게 끊어진 부분을 자동으로 연결해 주는 명령어이다. 단, 끊어진 부분의 거리가 가까울 때만 연결된다.
사용 가능 구성요소: 그림판

2) 활용예시 체험

QR코드의 18번 슬라이드를 열어 그림판에 저장된 빨간 선을 따라 그림을 그려보자. smartStrokeJoining:true를 선택했을 때 끊어진 선이 저절로 이어진다. 아무것도 선택하지 않거나 smartStrokeJoining:false를 선택하면 선이 연결되지 않는다.

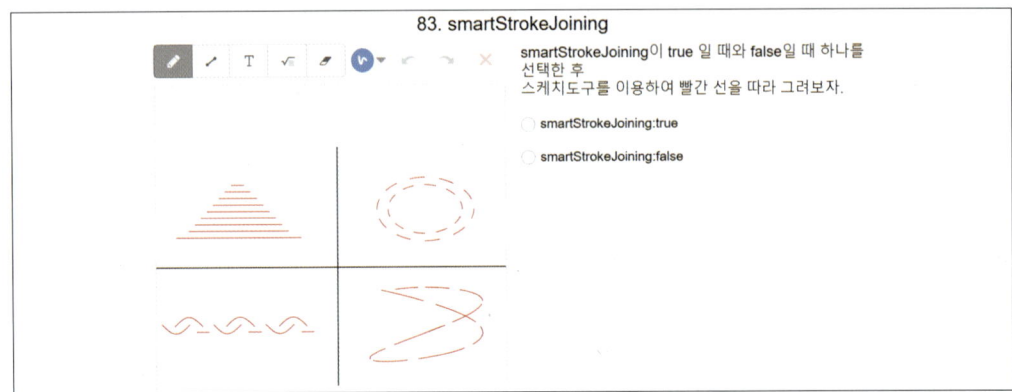

〈18번 슬라이드〉

smartStrokeJoining 명령어로 그림판에 그린 선이 자동 연결되게 해보자.

3) 제작 방법

▶ 18번 슬라이드

① 그림판, 메모, 객관식 문제를 불러온다. 메모의 내용, 객관식 문제의 이름, 보기를 입력하고 '학생이 답변을 설명하도록 하기'는 체크를 해제한다.

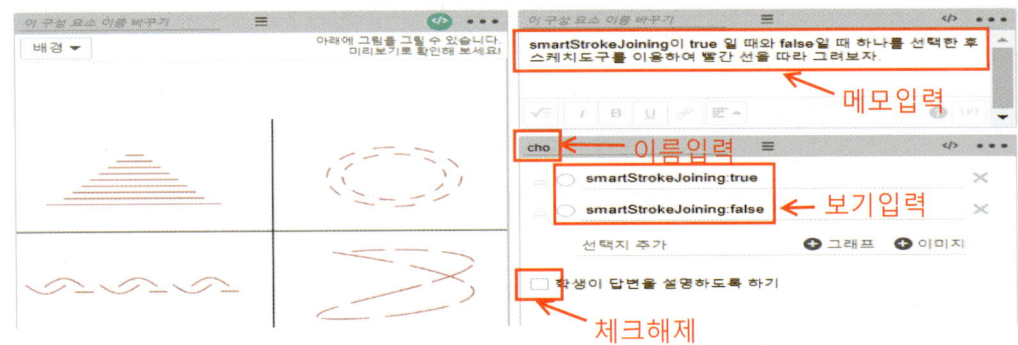

② 그림판의 배경으로 커스텀 이미지를 선택하고 적당한 이미지를 삽입한 후 스크립트 편집창에 명령어를 입력한다.

```
1  smartStrokeJoining: when cho.isSelected(1) true otherwise false
```

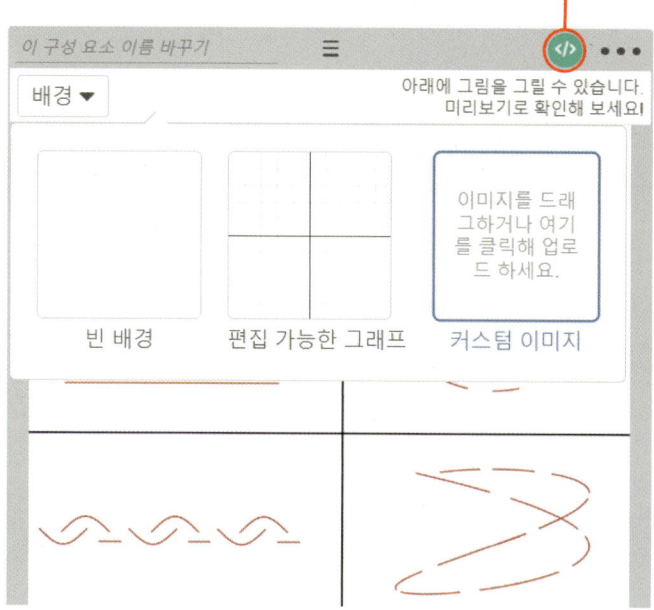

⇨ **명령어 해석**

cho의 객관식 문제의 첫 번째 행을 선택했을 때는 smartStrokeJoining이 true이고, 나머지 경우는 false이다.

84. submitCount (제출 횟수)

1) 명령어의 역할
submitCount는 제출 버튼의 클릭 횟수를 세어주는 명령어이다. 제출 버튼의 클릭 횟수에 따라 다른 피드백을 설정하거나 클릭 횟수를 그래프의 변수로 연결하고 싶을 때 사용한다.
사용 가능 구성요소: 수식입력란, 객관식 문제, 체크박스

2) 활용예시 체험
QR코드의 1번 슬라이드를 열어 수식입력란에 숫자를 아무거나 적고 제출을 클릭해보자. 제출버튼을 클릭할 때마다 메모에 횟수 숫자가 바뀌는 것을 관찰할 수 있다. 2번 슬라이드도 숫자를 선택한 후 제출을 클릭하면 횟수 숫자가 바뀐다.

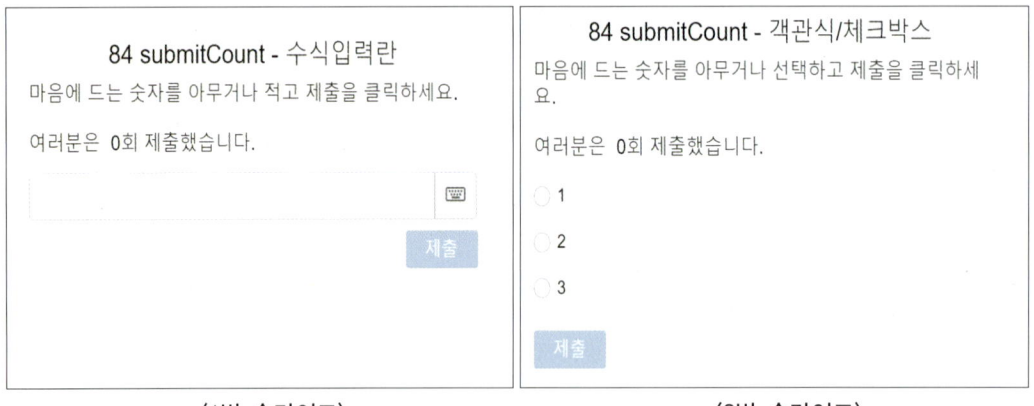

〈1번 슬라이드〉　　　　　〈2번 슬라이드〉

submitCount로 제출버튼 클릭횟수를 어떻게 나타낼 수 있는지 알아보자.

3) 제작 방법

▶ 1번 슬라이드

① 메모와 수식입력란를 불러오고 메모의 내용과 수식입력란의 이름을 입력한다.

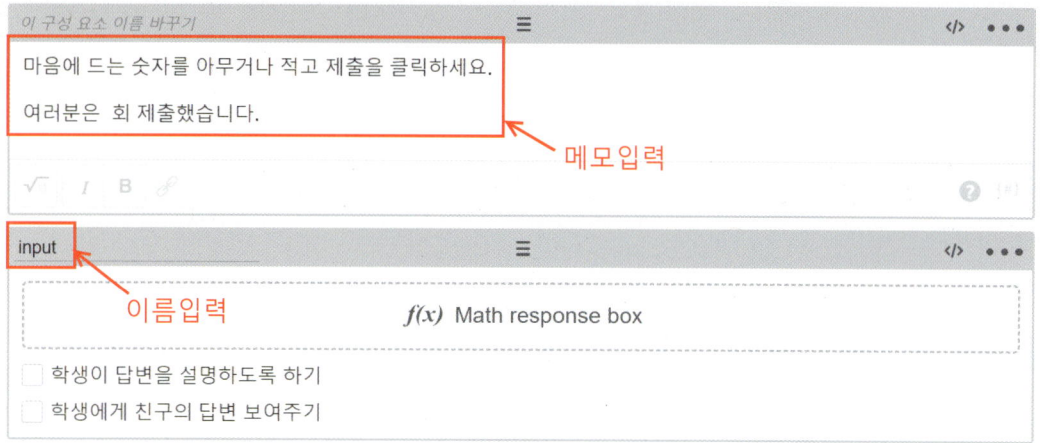

② 메모 스크립트 편집창을 열고 명령어를 입력한다.

⇨ **명령어 해석**

input의 수식입력란의 제출 횟수를 n으로 둔다.

③ 메모의 회 앞에 커서를 두고 오른쪽 아래의 {#}을 눌러 n을 선택한다.

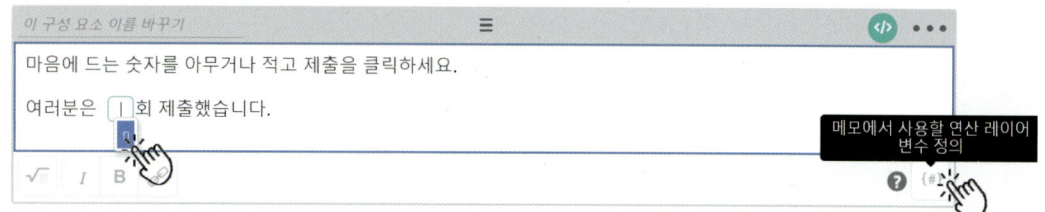

▶ 2번 슬라이드

① 메모와 객관식 문제를 불러오고 메모의 문구와 객관식 문제의 이름을 입력한다.

※ 주의: 객관식 문제에서 제출 버튼이 나타나게 하려면 '학생이 답변을 설명하도록 하기'는 체크해제한다. 오른쪽 위의 ··· 를 클릭하여 객관식 문제를 체크박스로 바꿀 수 있으므로 예시는 객관식 문제에 대해서만 다루겠다.

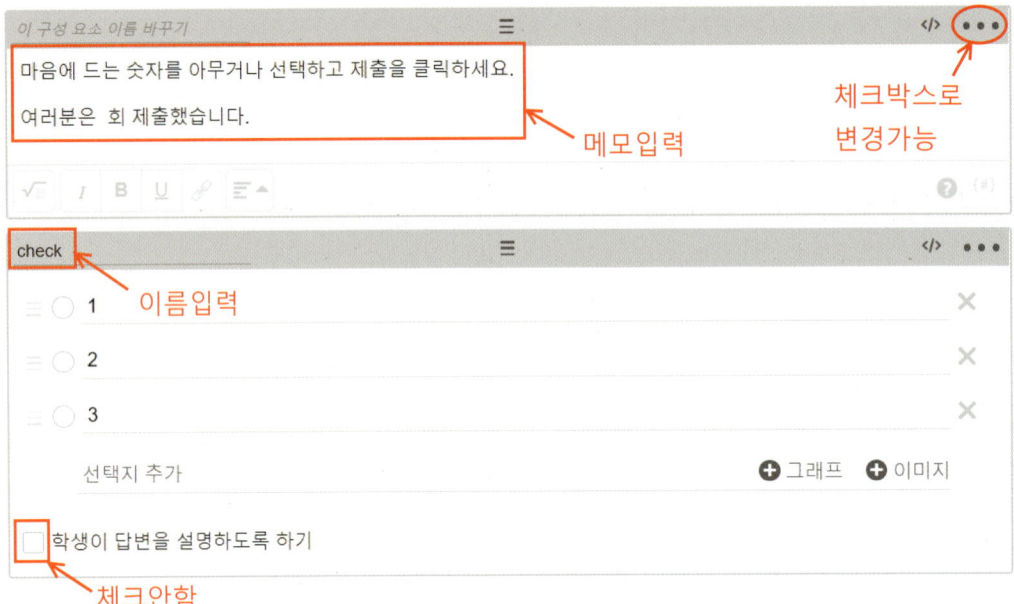

② 메모 스크립트 편집창을 열고 명령어를 입력한다.

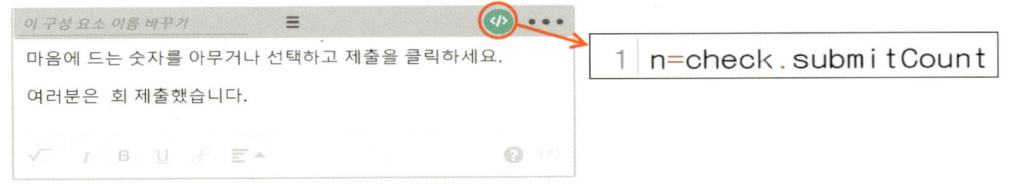

⇨ 명령어 해석

　　check의 객관식/체크박스의 제출 횟수를 n으로 둔다.

③ 메모의 회 앞에 커서를 두고 오른쪽 아래의 **{#}**을 눌러 **n**을 선택한다.

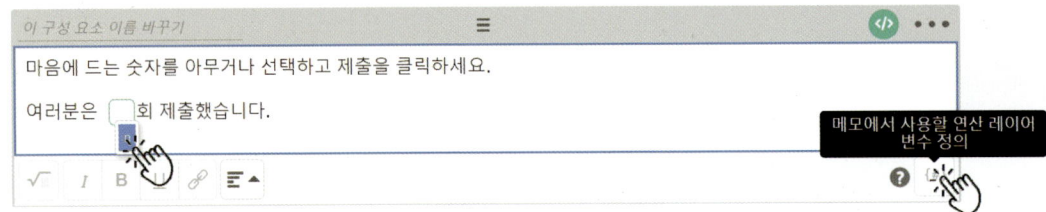

100　　desmos 명령어 50개 익히기

85. submitDisabled (제출버튼 비활성화하기)

1) 명령어의 역할
submitDisabled는 제출버튼을 비활성화하는 명령어이다. 제출버튼을 비활성화하거나 조건에 따라 제출버튼을 비활성화되도록 설정할 수 있다.
사용 가능 구성요소: 텍스트입력란, 수식입력란

2) 활용예시 체험
QR코드의 3번 슬라이드를 열어 텍스트입력란에 아무거나 적어보자. 일반적으로 텍스트입력란의 제출버튼은 클릭이 가능하지만 이 화면에서는 비활성화 되어 있다. 4번 슬라이드의 수식입력란에서 제출버튼을 한 번 클릭하면 비활성화되는 것을 관찰할 수 있을 것이다.

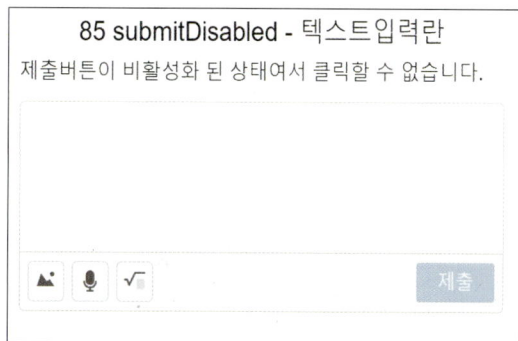
〈3번 슬라이드〉

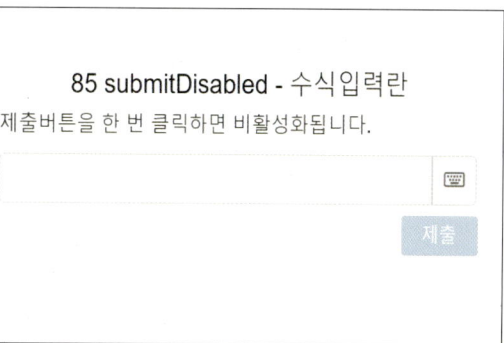
〈4번 슬라이드〉

submitDisabled로 제출버튼을 비활성화 시키는 방법을 알아보자.

3) 제작 방법
▶ 3번 슬라이드
① 메모와 수식입력란을 불러오고 메모의 문구를 입력한다.

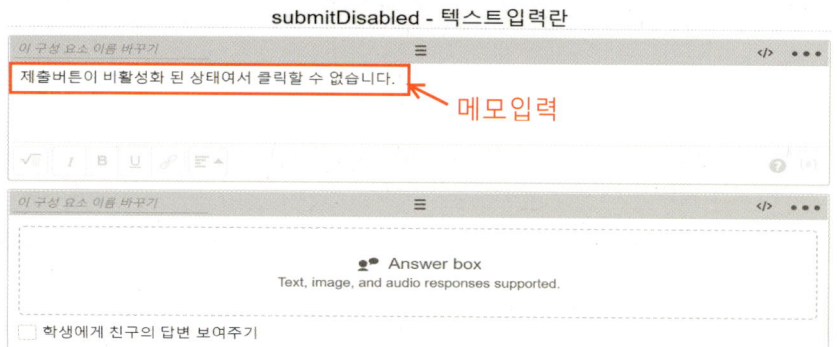

② 텍스트 입력란 스크립트 편집창을 열고 명령어를 입력한다.

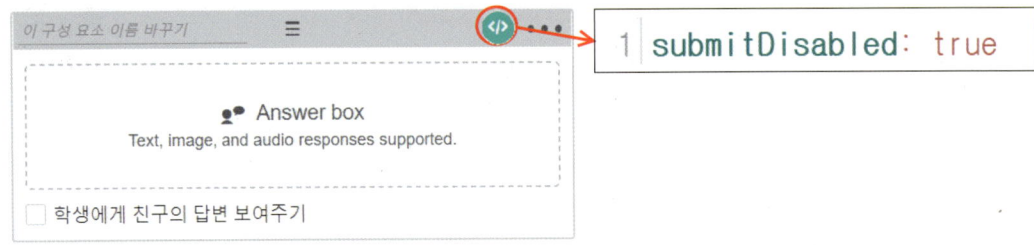

⇨ **명령어 해석**: 제출 버튼을 비활성화한다.

▶ **4번 슬라이드**

① 메모와 수식입력란을 불러오고 메모의 내용을 입력한다.

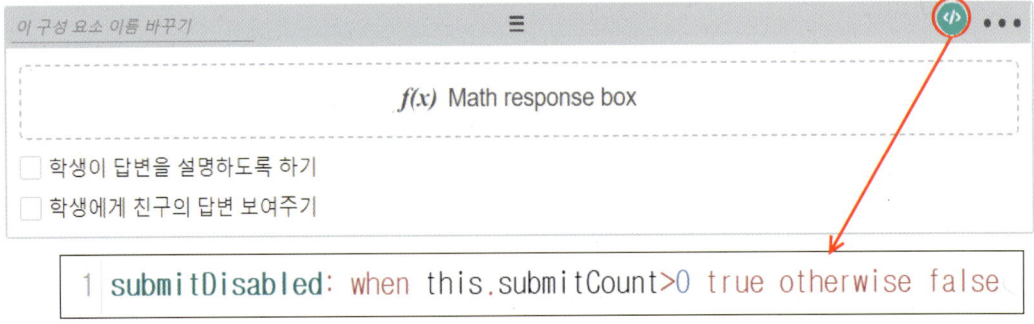

② 수식입력란 스크립트 편집창을 열고 명령어를 입력한다.

```
1 submitDisabled: when this.submitCount>0 true otherwise false
```

⇨ **명령어 해석**
이 구성요소(수식입력란)의 제출 횟수가 0보다 크면 제출 버튼이 비활성화된다.

86. submitLabel (제출버튼 이름 바꾸기)

1) 명령어의 역할
submitLabel은 제출버튼의 이름을 설정할 수 있게 하는 명령어이다. 제출버튼의 클릭목적이 드러나게 하고 싶을 때 사용한다.
사용 가능 구성요소: 객관식 문제, 체크박스, 수식입력란, 텍스트입력란

2) 활용예시 체험
QR코드의 5번~6번 슬라이드를 열어 저마다 다른 버튼의 이름을 확인한다.

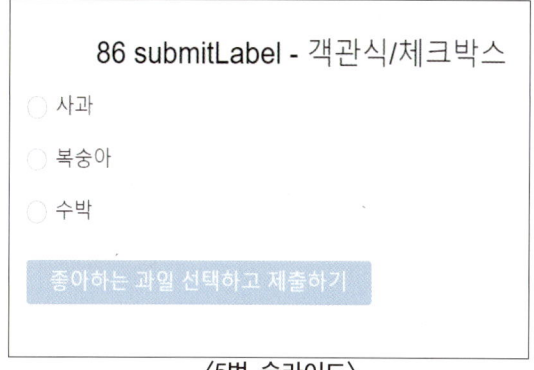

〈5번 슬라이드〉　　　　〈6번 슬라이드〉

submitLabel로 제출 버튼의 이름을 어떻게 바꿀 수 있는지 알아보자.

3) 제작 방법
▶ 5번 슬라이드
① 객관식 문제를 불러오고 보기에 내용을 입력한 후 '학생이 답변을 설명하도록 하기'는 체크해제한다.

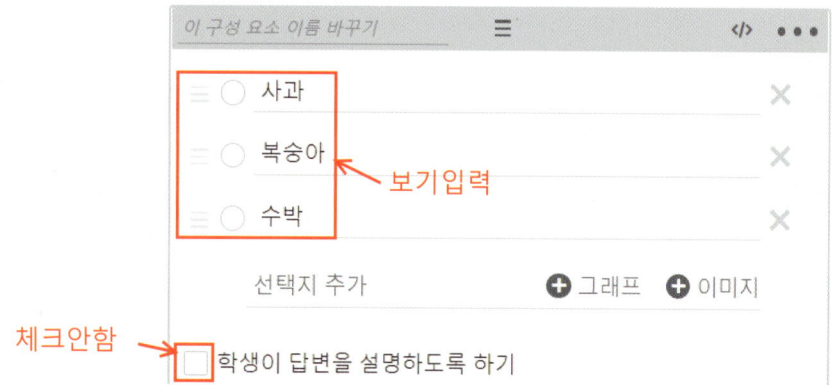

② 객관식 문제 스크립트 편집창을 열어 명령어를 입력한다.

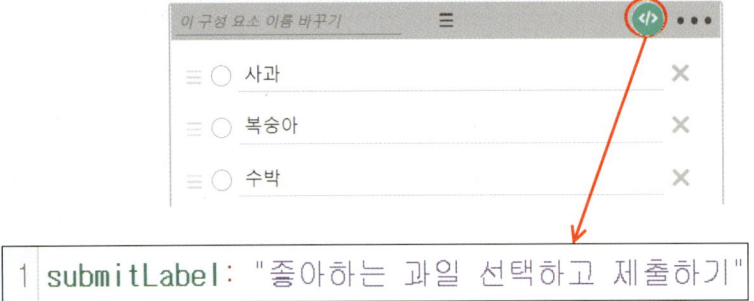

➪ 명령어 해석

제출버튼의 이름을 '좋아하는 과일 선택하고 제출하기'로 바꾼다.

▶ 6번 슬라이드

① 수식입력란을 불러오고 수식입력란 스크립트 편집창을 열어 명령어를 입력한다.

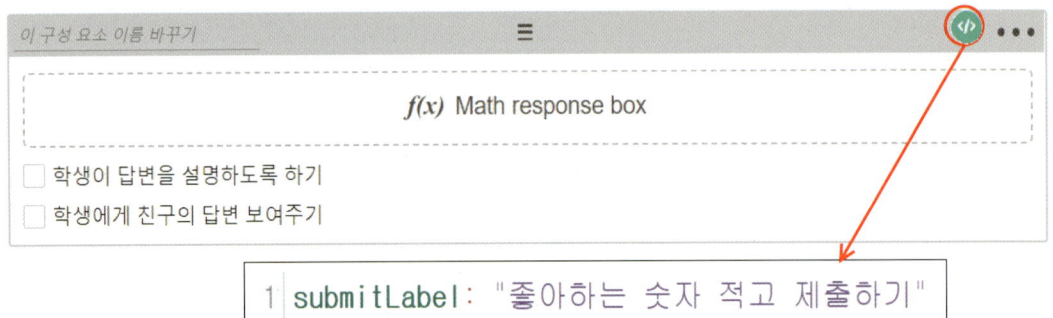

➪ 명령어 해석

제출버튼의 이름을 '좋아하는 숫자 적고 제출하기'로 바꾼다.

87. submitted (제출버튼 클릭 인식)

1) 명령어의 역할
submitted는 제출버튼을 클릭했는지 판단해주는 명령어이다. 제출버튼을 클릭했을 때와 클릭하지 않았을 때 다른 피드백이 나타나게 할 수 있다.
사용 가능 구성요소: 객관식 문제, 체크박스, 수식입력란, 텍스트입력란

2) 활용예시 체험
QR코드의 7번 슬라이드를 열어 나라 이름을 선택하고 수도 확인하기 버튼을 클릭해보자. 그러면 각 나라의 수도가 피드백으로 나타난다. 8번 슬라이드는 텍스트입력란에 답을 적고 정답확인하기 버튼을 클릭해보자. 그러면 동지를 입력했을 때와 그렇지 않을 때 각각 다른 피드백이 나타나는 것을 볼 수 있다.

〈7번 슬라이드〉

〈8번 슬라이드〉

submitted로 제출버튼이 클릭되었을 때와 아닐 때를 어떻게 구분할 수 있는지 알아보자.

3) 제작 방법

▶ 7번 슬라이드

① 객관식 문제와 메모를 불러오고 객관식 문제의 이름과 보기를 입력한다. '학생이 답변을 설명하도록 하기'는 체크해제한다.

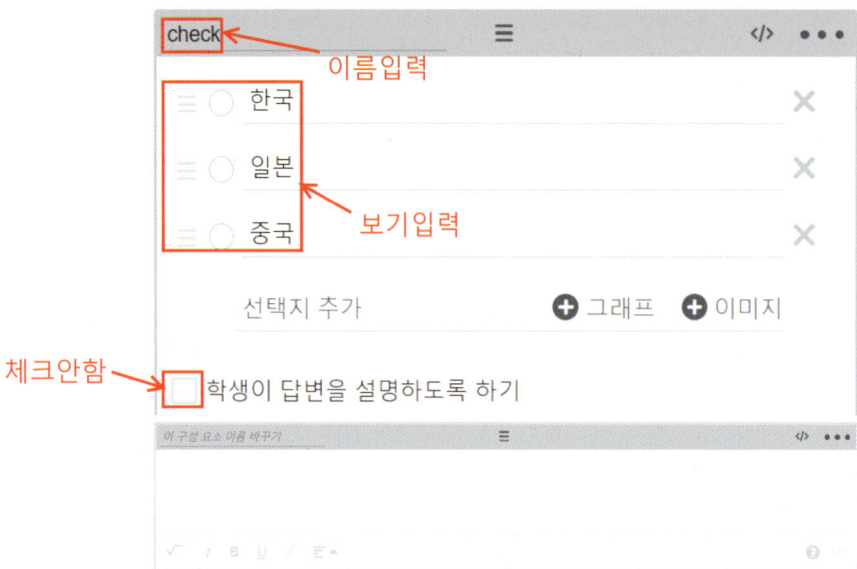

② 객관식 문제 스크립트 편집창을 열고 명령어를 입력한다.

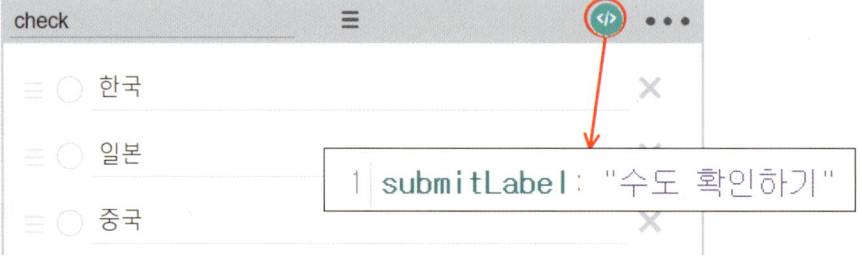

⇨ 명령어 해석

제출 버튼의 이름을 '수도 확인하기'로 변경한다.

③ 메모 스크립트 편집창을 열고 아래와 같이 명령어를 입력한다.

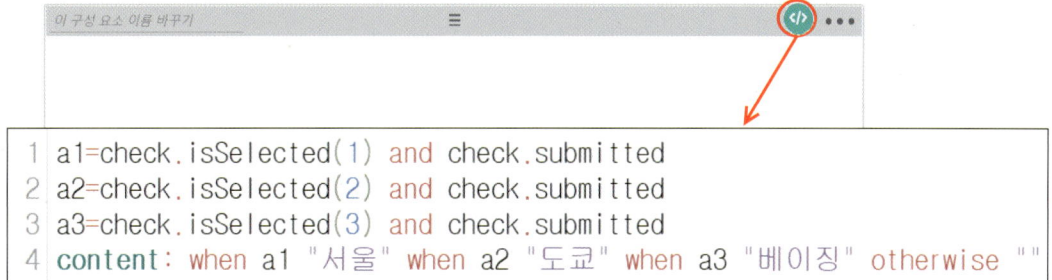

⇨ **명령어 해석**

    1행: 객관식 보기의 1행을 선택하고 제출버튼을 클릭한 상황을 a1으로 저장한다.
    2행: 객관식 보기의 2행을 선택하고 제출버튼을 클릭한 상황을 a2로 저장한다.
    3행: 객관식 보기의 3행을 선택하고 제출버튼을 클릭한 상황을 a3으로 저장한다.
    4행: a1 ~ a3 각 상황에 따라 다른 피드백을 when otherwise 조건문으로 입력한다.

※ 메모 스크립트 편집창에 content 명령어를 사용하면 미리 보기(학생 체험 화면)에서 액티비티 제작 페이지의 메모장에 적힌 글은 보이지 않는다.

▶ 8번 슬라이드

① 메모와 텍스트입력란을 불러오고 메모의 내용과 텍스트입력란의 이름을 적는다.

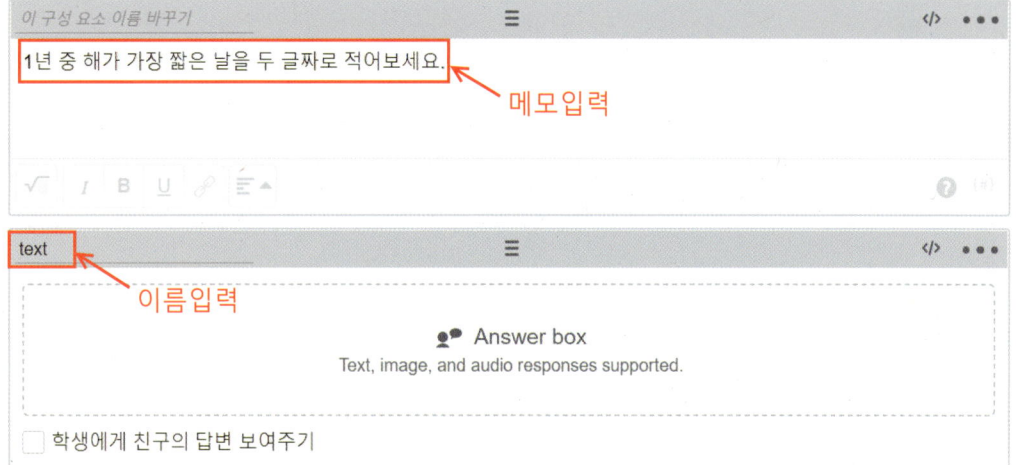

② 메모 스크립트 편집창을 열고 명령어를 입력한다.

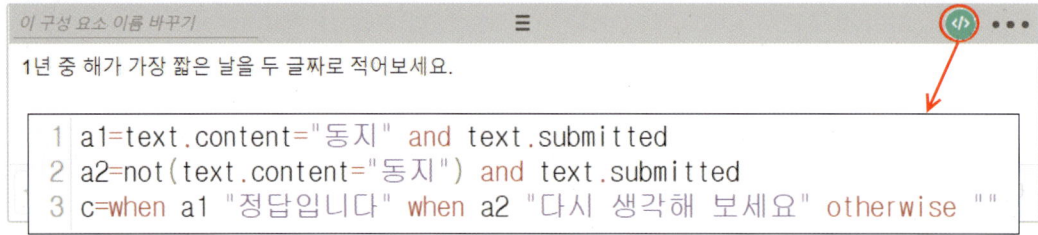

⇨ 명령어 해석

1행: 텍스트입력란에 적은 내용이 "동지"이고 제출버튼을 클릭한 상황을 a1으로 저장한다.

2행: "동지"를 적지 않고 제출버튼을 클릭한 상황을 a2로 저장한다.

3행: a1, a2 각 상황에 따라 다른 피드백을 when otherwise 조건문으로 변수 c에 저장한다.

③ 메모의 두 번째 줄에 커서를 두고 스크립트에 저장한 c를 불러온다.

④ 텍스트입력란 스크립트 편집창에 명령어를 입력한다.

⇨ 명령어 해석

제출버튼의 이름을 "정답확인하기"로 바꾼다.

88. subtitle (부제목 만들기)

1) 명령어의 역할

subtitle은 슬라이드 화면의 제목 아래쪽에 추가설명을 적고 싶을 때 사용하는 명령어이다. 그래핑계산기나 마블슬라이드와 같은 구성요소에서 발문이 있을 때 사용하는 것이 유용하며 구성요소가 없는 상황에서도 사용할 수 있다.

사용 가능 구성요소: 스크린

2) 활용예시 체험

QR코드의 9번 슬라이드를 열어 텍스트입력란에 자신의 이름을 적고 '클릭하세요' 버튼을 눌러보자. 그러면 입력한 이름을 포함한 문장이 제목과 메모 사이에 나타난다.

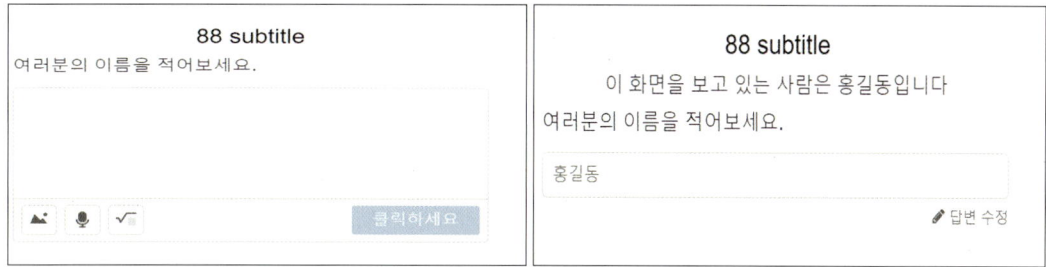

〈9번 슬라이드〉

subtitle로 어떻게 제목 아래쪽에 문장을 추가할 수 있는지 알아보자.

3) 제작 방법
▶ 9번 슬라이드
① 메모와 텍스트입력란을 불러오고 메모의 내용과 텍스트입력란의 이름을 적는다.

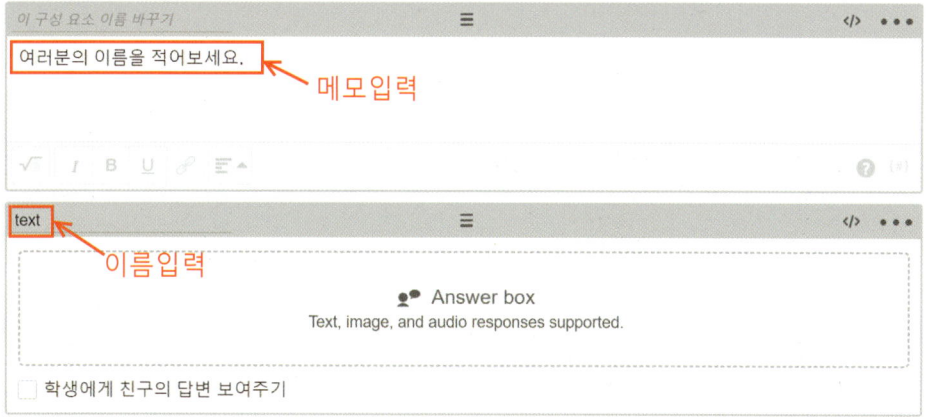

② 스크린의 스크립트 편집창을 열고 명령어를 입력한다.

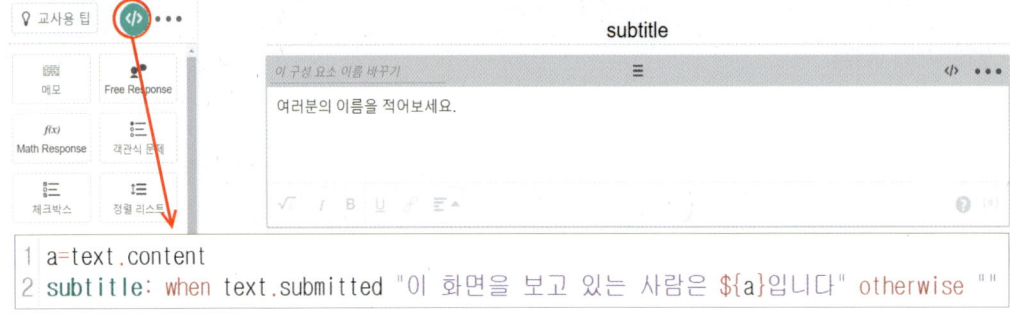

▷ 명령어 해석

1행: 텍스트입력란에 적은 내용을 변수 a에 저장한다.

2행: 텍스트입력란의 제출버튼이 클릭되었을 때 "이 화면을 보고 있는 사람은 a에 입력된 내용입니다."로 나타나고 그 외에는 " "으로 슬라이드 부제목이 나타난다.

③ 텍스트 입력란의 스크립트 편집창에 명령어를 입력한다.

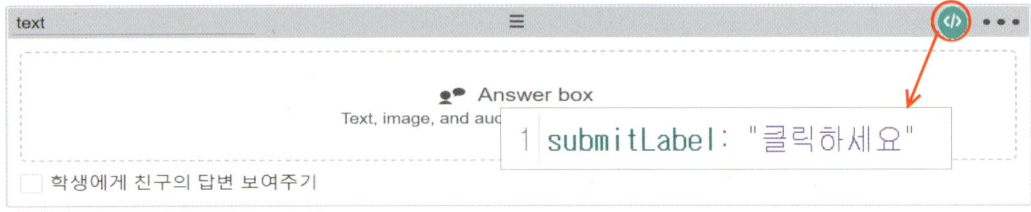

▷ 명령어 해석

제출버튼의 이름을 "클릭하세요"로 바꾼다.

89. suffix (접미사 만들기)

1) 명령어의 역할
suffix는 수식입력란에 단위와 같은 기본 문구를 설정할 때 사용하는 명령어이다. suffix는 '심술쟁이'나 '거미류'에서 '~쟁이', '~류'와 같이 다른 단어의 끝에 붙어 새로운 단어를 만들어 내는 접미사를 뜻한다.

사용 가능 구성요소: 수식입력란

2) 활용예시 체험
QR코드의 10번 슬라이드를 열어 답을 적어보자. 처음에는 수식입력란에 suffix 내용이 보이지 않지만 수식입력란에 뭔가 적으면 미리 적어둔 내용이 보이게 된다.

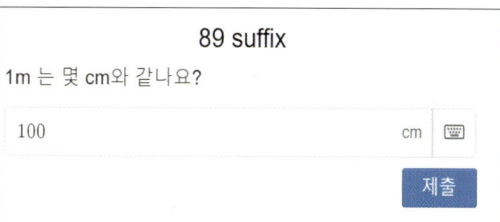

〈10번 슬라이드〉

suffix로 수식입력란에 접미사를 넣는 방법을 알아보자.

3) 제작 방법
▶ 10번 슬라이드

① 메모와 수식입력란를 불러오고 메모의 문구를 적은 후 수식입력란의 스크립트 편집창에 명령어를 입력한다.

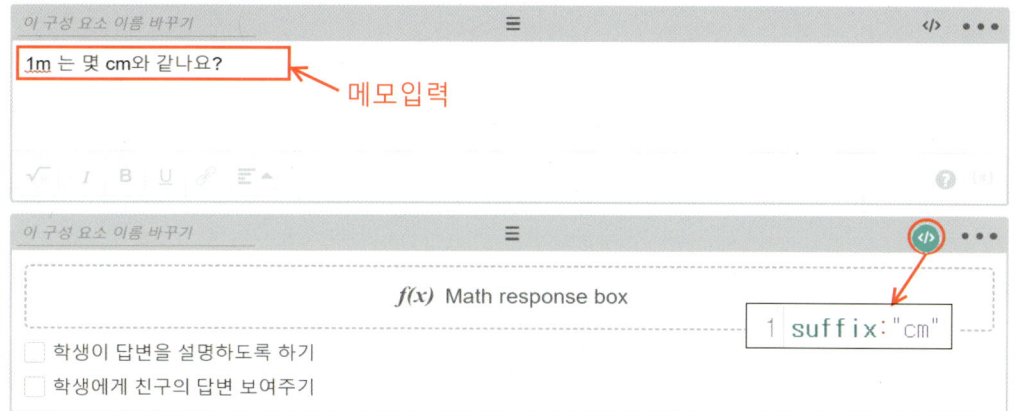

⇨ **명령어 해석**: 수식입력란의 접미사를 cm로 둔다.

111

90. textAtIndex (정렬리스트 목록 내용 불러오기)

1) 명령어의 역할
textAtIndex는 정렬리스트의 목록의 각 행에 적힌 내용을 다른 구성요소로 불러올 때 사용하는 명령어이다.
사용 가능 구성요소: 정렬리스트

2) 활용예시 체험
QR코드의 11번 슬라이드를 열어 정렬리스트의 목록을 이동시켜보자. 처음에 적혀있던 과일 이름 수박(가장 좋아하는 과일)과 포도(가장 싫어하는 과일)가 정렬된 결과로 바뀐다.

⟨11번 슬라이드⟩

textAtIndex로 목록에 적힌 내용을 다른 구성요소에 불러오는 방법을 알아보자.

3) 제작 방법

▶ 11번 슬라이드

① 메모와 정렬리스트를 불러오고 메모의 문구와 정렬리스트의 이름, 목록, 정렬 시작과 끝을 입력한다.

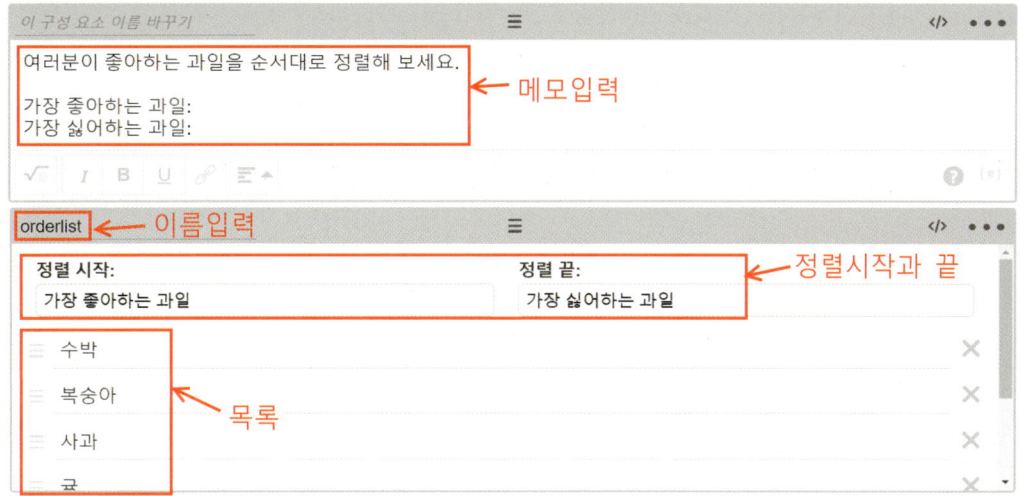

② 메모 스크립트 편집창에 명령어를 입력한다.

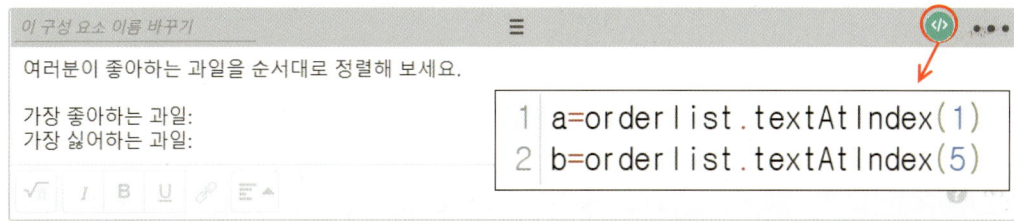

⇨ **명령어 해석**

　　정렬리스트 목록의 1행에 적힌 값과 5행에 적힌 내용을 각각 변수 a, b로 저장한다.

③ 가장 좋아하는 과일과 싫어하는 과일 옆에 커서를 두고 메모 스크립트에 저장된 **a, b**를 불러온다.

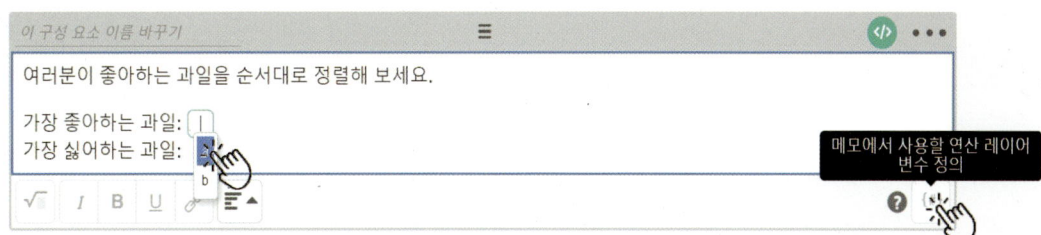

113

91. time (동영상의 시간)

1) 명령어의 역할

time은 미디어에 동영상을 업로드했을 때 동영상이 흐르는 시간을 불러오거나 제어하는 명령어이다. 동영상의 특정 시간으로 빠르게 이동하고 싶을 때 유용하다.

사용 가능 구성요소: 미디어

2) 활용예시 체험

QR코드의 12번 슬라이드를 열고 동영상을 실행시켜보자. 그러면 메모의 숫자가 시간을 반영하여 변함을 관찰할 수 있을 것이다. 13번 슬라이드는 동영상을 멈춘 상태에서 시간(초)이 적힌 버튼을 선택해보자. 그러면 그 시간에 해당하는 화면이 나타날 것이다.

⟨12번 슬라이드⟩

⟨13번 슬라이드⟩

time으로 동영상의 시간을 어떻게 활용할 수 있는지 알아보자.

3) 제작 방법

▶ 12번 슬라이드

① 메모와 미디어를 불러오고 메모의 내용과 미디어의 이름을 입력한 후 원하는 동영상을 업로드한다.

② 메모 스크립트 편집창에 명령어를 적는다.

⇨ **명령어 해석**: 동영상의 시간을 변수 a에 저장한다.

③ 메모의 초 옆에 커서를 두고 메모 스크립트에 저장된 **a**를 불러온다.

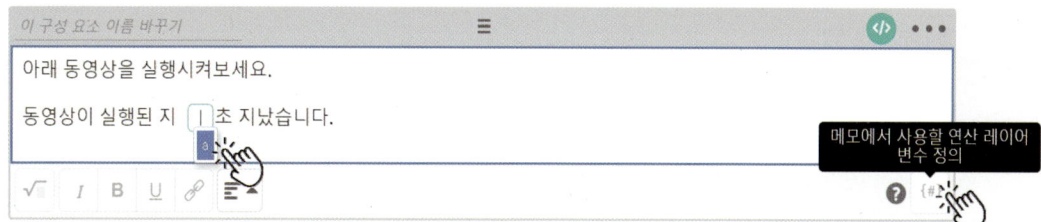

▶ 13번 슬라이드

① 객관식 문제와 미디어를 불러오고 객관식 문제의 이름과 보기를 입력하며 ···을 클릭하여 버튼 스타일을 선택한다. 미디어에는 동영상을 업로드한다.

② 미디어의 스크립트 편집창에 아래 명령어를 적는다.

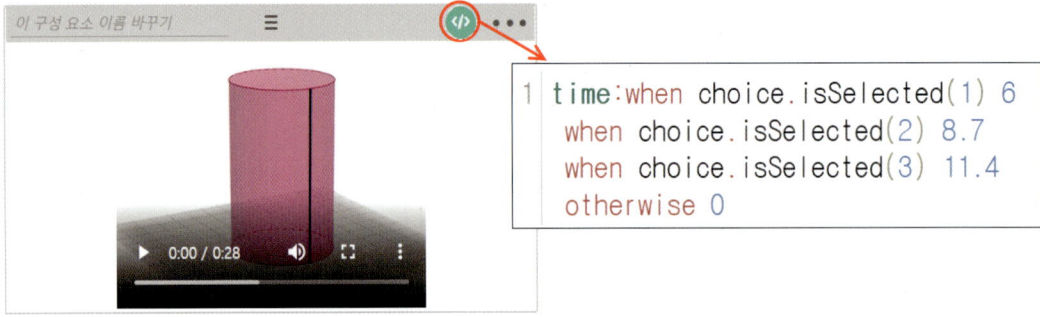

⇨ 명령어 해석

　　이름이 choice인 객관식 문제의 1행 보기를 선택하면 동영상의 시간이 6초인 화면이 나타나고 2행, 3행 선택 시 각각 8.7초, 11.4초에 해당하는 화면이 나타난다. 단, 동영상을 멈춘 상태에서 선택해야 명령어가 실행된다.

92. timeSincePress (버튼클릭 후 흐른시간)

1) 명령어의 역할
timeSincePress는 행동버튼을 클릭한 순간부터 흐른 시간을 변수로 인식하게 해주는 명령어이다. 시간에 따라 변화하는 동적 체험자료를 제작할 때 유용하다.
사용 가능 구성요소: 행동버튼

2) 활용예시 체험
QR코드의 14번 슬라이드를 열고 버튼을 클릭해보자. 그러면 그래프 화면의 빨간점이 (0,0)에서 (3,0)으로 이동하고 메모의 시간을 나타내는 숫자도 0에서 3까지 변한다.

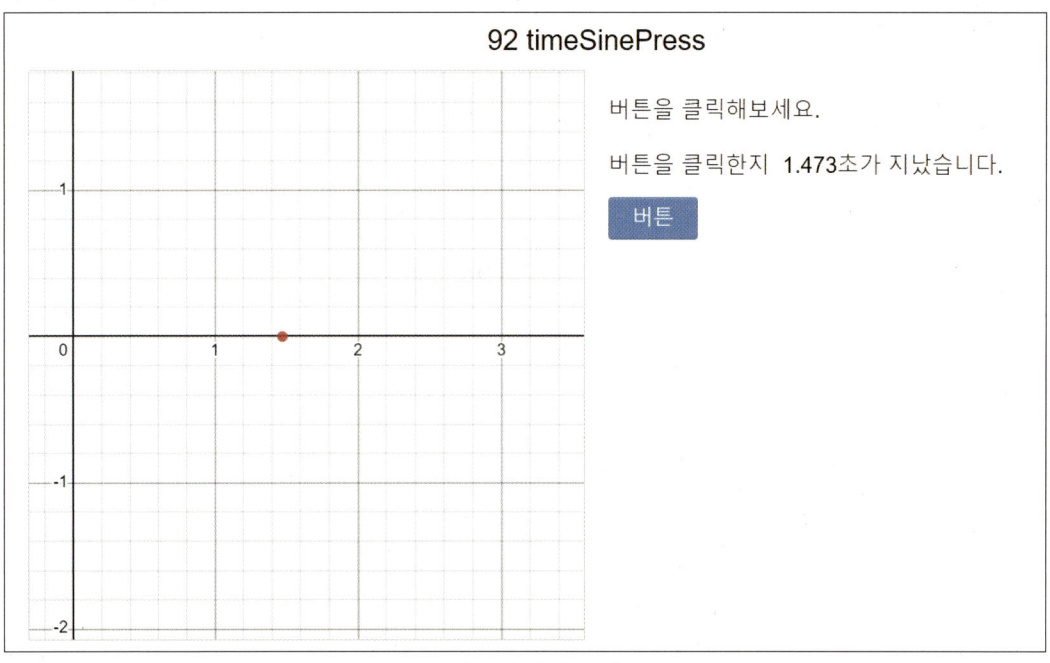

〈14번 슬라이드〉

timeSincePress로 행동버튼을 클릭한 후의 흐르는 시간을 어떻게 활용할 수 있는지 알아보자.

3) 제작 방법

▶ 14번 슬라이드

① 그래프와 메모, 행동버튼을 불러오고 그래프와 행동버튼의 이름과 메모의 문구를 입력한다.

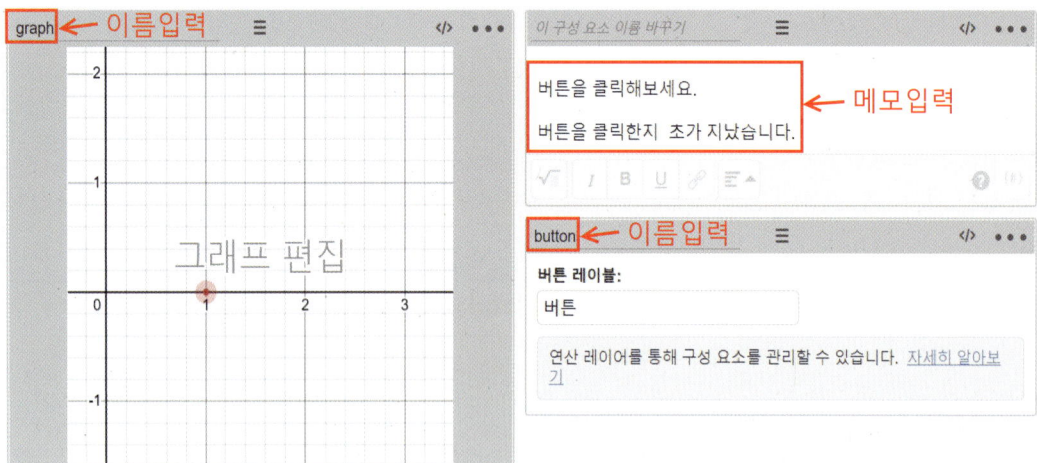

② 그래프 편집창을 열어 수식을 입력하고 그래프 스크립트 편집창에 명령어를 입력한다.

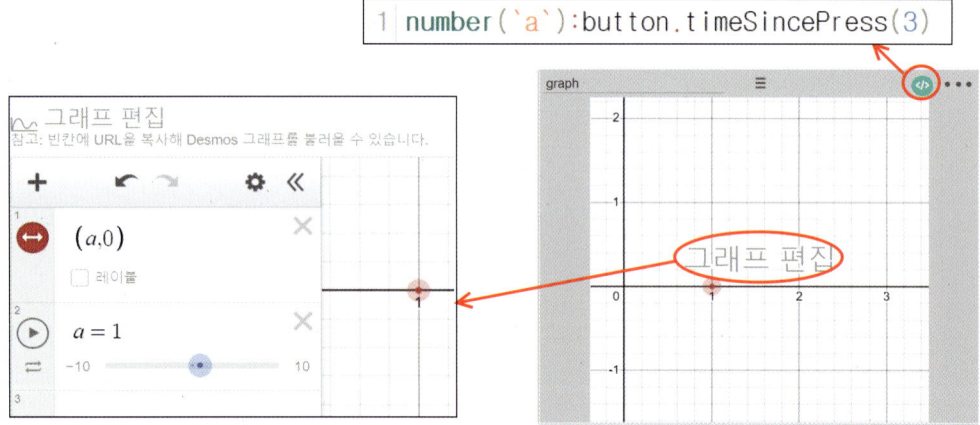

⇨ **수식 해석**: 점 $(a, 0)$과 변수 a에 대한 슬라이더를 생성한다.

⇨ **명령어 해석**

button의 행동버튼을 클릭한 후 3초까지 흐르는 시간의 변화상태를 그래프의 변수 a 에 저장한다.

※ 주의: timeSincePress( ) 의 괄호 안에 최대 흐르는 시간을 지정할 수 있다. 아무것도 적지 않으면 기본값으로 10초까지 시간이 흐른다.

③ 메모 스크립트 편집창을 열고 명령어를 입력한 후 메모의 초 앞에 커서를 두고 스크립트 편집창에 저장된 변수 **a**를 불러온다.

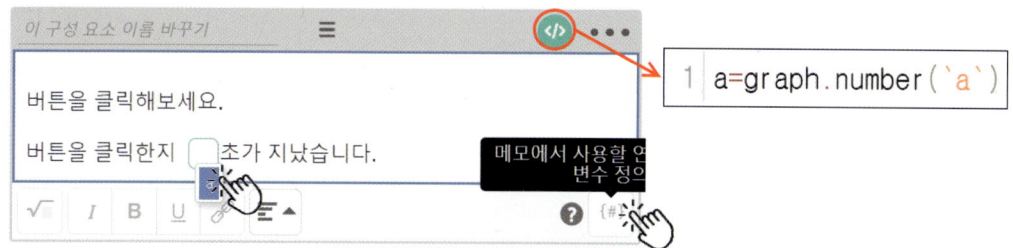

⇨ **명령어 해석**
graph의 변수 a를 불러와서 메모 스크립트 변수 a로 저장한다. 단, 메모 스크립트에 저장할 때에는 a외에 다른 문자를 써도 상관없다.

93. timeSinceSubmit (제출버튼 클릭 후 흐른시간)

1) 명령어의 역할
timeSinceSubmit은 제출 버튼을 클릭한 순간부터 흐른 시간을 변수로 가져올 수 있게 해주는 명령어이다.
사용 가능 구성요소: 객관식 문제, 체크박스, 수식입력란, 텍스트입력란

2) 활용예시 체험
QR코드의 15번 슬라이드를 열어 식을 하나 선택하고 제출 버튼을 클릭해보자. 그러면 화면에 그래프가 서서히 나타난다. 16번 슬라이드는 수식입력란에 숫자를 아무거나 입력하고 제출 버튼을 클릭해보자. 그 숫자를 속도로 하여 원이 이동한다.

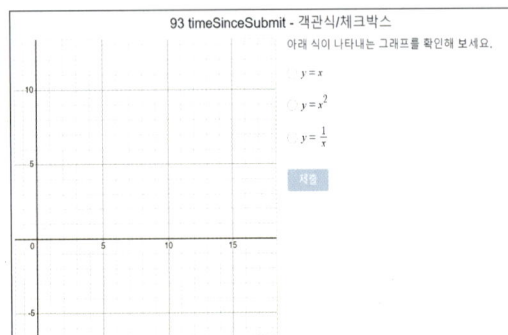 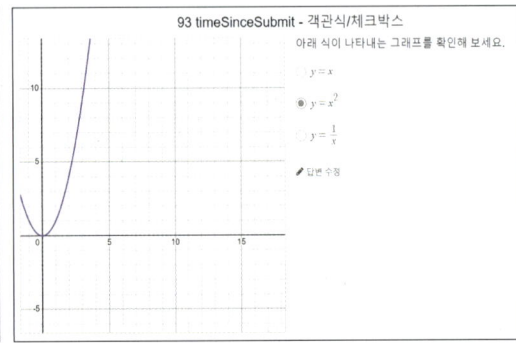

〈15번 슬라이드〉

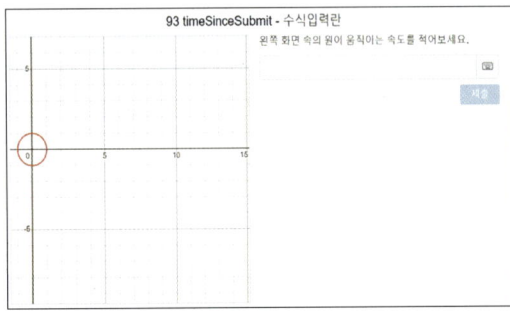 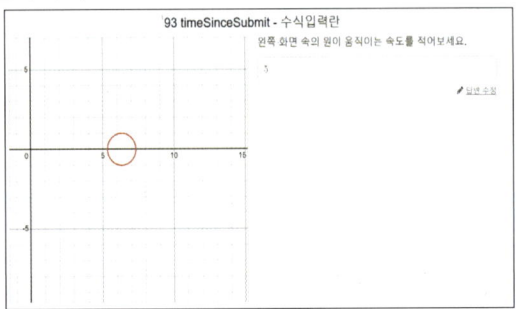

〈16번 슬라이드〉

timeSinceSubmit으로 제출버튼을 클릭한 후 시간의 흐름을 어떻게 활용할 수 있는지 알아보자.

3) 제작 방법

▶ 15번 슬라이드

① 그래프, 메모, 객관식 문제를 불러오고 객관식 문제의 이름을 적은 후 객관식 보기에 수식을, 메모에는 내용을 입력한다.

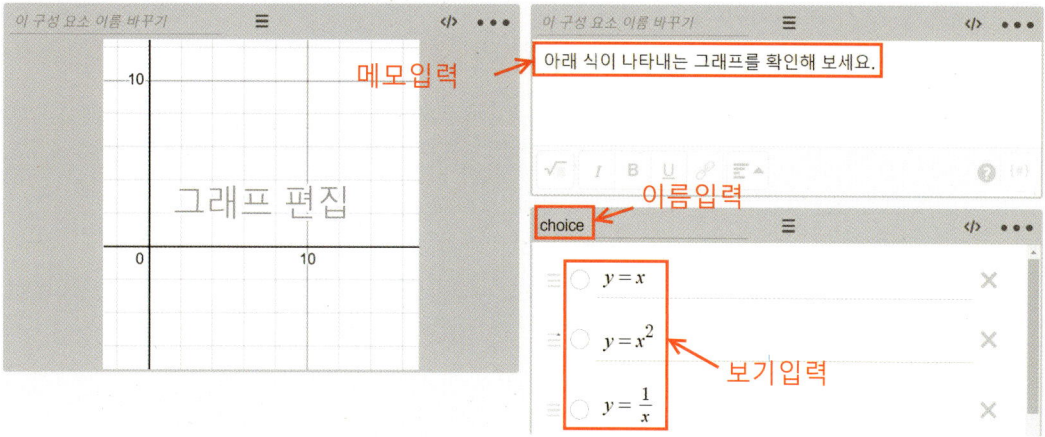

② 그래프 편집창을 열고 수식을, 그래프 스크립트 편집창을 열고 명령어를 입력한다.

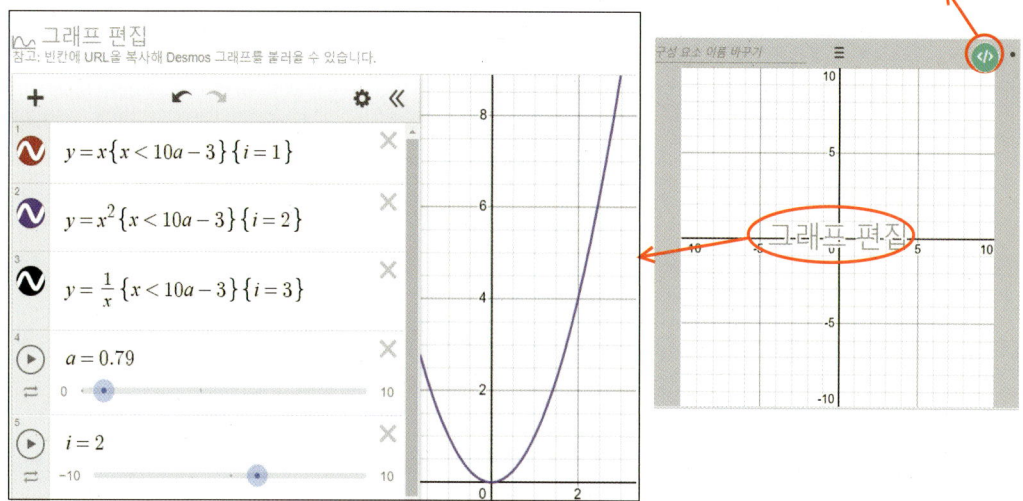

⇨ **수식 해석**

$x < 10a - 3$ 이고 i가 1일 때 $y = x$ 직선이 화면에 나타나도록 조건을 주기 위해 { }를 사용하였다. a값이 커짐에 따라 조건을 만족하는 x의 범위가 늘어나므로 그래프 모습이 서서히 나타난다. $10a$라고 쓴 이유는 그래프가 나타나는 속도를 빠르게 하기 위해서이다.

※ 그래프의 변수 a, i 는 그래프 스크립트 편집창에 입력한 규칙에 의해 정의된다.

⇨ **명령어 해석**

1행~3행: 객관식 보기의 1번, 2번, 3번을 선택한 상황을 각각 a1, a2, a3로 저장한다.
4행: 그래프의 변수 i는 a1~a3 상황에서 각각 1, 2, 3의 값을 취한다.
5행: 그래프의 변수 a는 choice의 객관식 문제 제출버튼을 클릭한 후 흐른 시간이다.

▸ **16번 슬라이드**

① 그래프와 메모 수식입력란을 불러오고 그래프와 수식입력란의 이름과 메모의 내용을 입력한다.

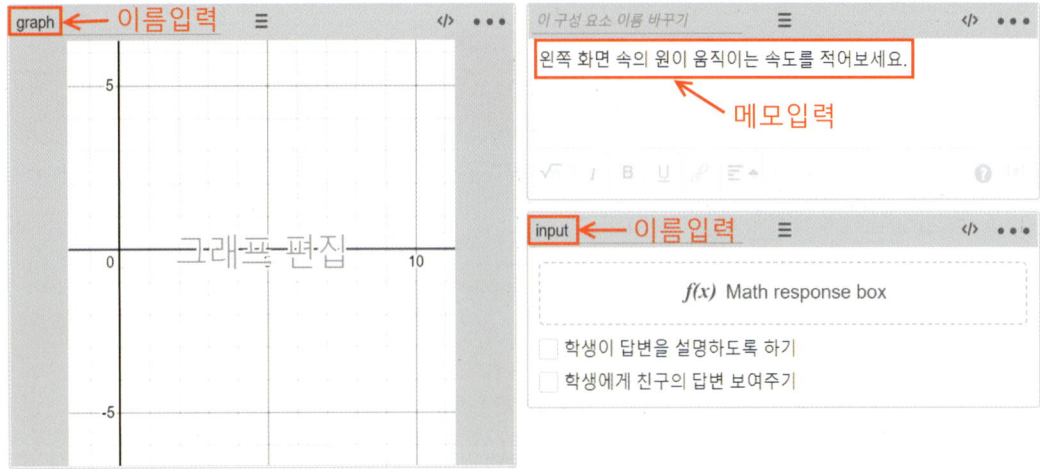

② 그래프 편집창을 열고 수식을, 그래프 스크립트 편집창을 열고 명령어를 입력한다.

```
1 number(`a`):input.timeSinceSubmit()
2 number(`k`):firstDefinedValue(input.numericValue,0)
```

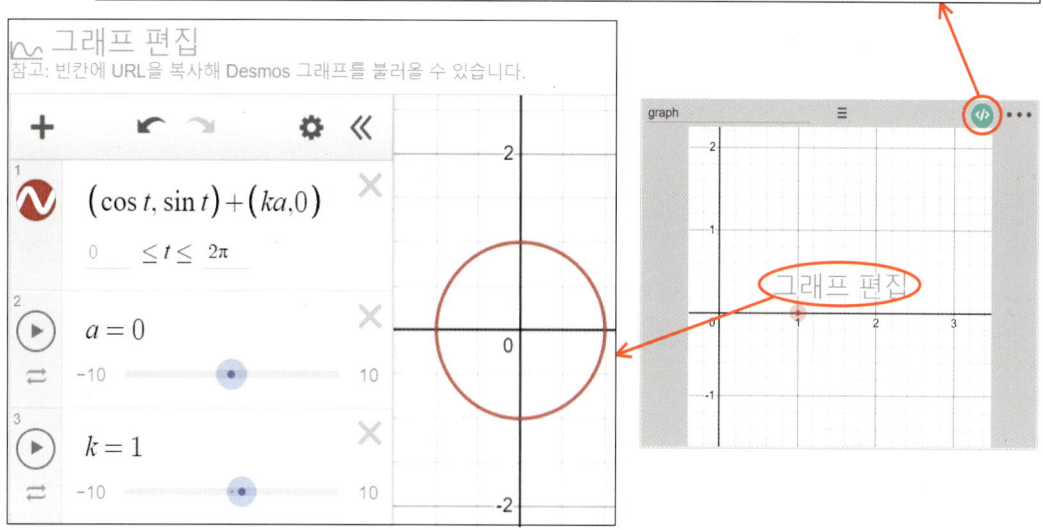

⇨ **수식 해석**

$0 \le t \le 2\pi$ 일 때 $(\cos t, \sin t)$는 중심이 원점이고 반지름이 1인 원을 나타낸다. 여기에 $(ka, 0)$을 더하면 중심의 좌표가 ka에 따라 변하므로 원이 x축을 따라 이동하는 모습을 표현할 수 있다. a는 버튼을 클릭한 후 흐른 시간이므로 값의 변화가 일정하다. 수식입력란에 입력한 값을 k로 받아와 a에 곱해주면 도형이 이동하는 속도를 조절할 수 있다.

⇨ **명령어 해석**

1행: 그래프 변수 a는 수식입력란의 제출 버튼을 클릭한 후 흐른 시간이다.

2행: 그래프 변수 k는 수식입력란에 입력한 숫자이다. 만약 수식입력란이 빈칸이면 k의 값은 0이다. 쉼표는 '앞의 상황이 아닐 때'라는 조건을 나타내기 위해 사용한다.

94. title (제목)

1) 명령어의 역할
title은 다른 구성요소에 입력된 내용을 슬라이드 화면의 제목으로 불러오고 싶을 때 사용한다.
사용 가능 구성요소: 스크린

2) 활용예시 체험
QR코드의 17번 슬라이드를 열어 텍스트 입력란에 답을 적고 제출버튼을 클릭해 보자. 그러면 숨어있던 제목이 나타난다.

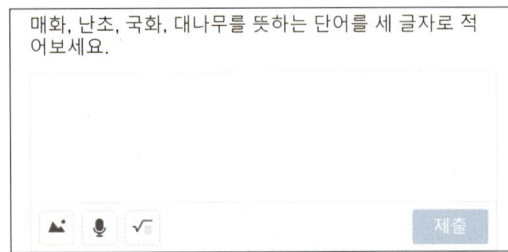 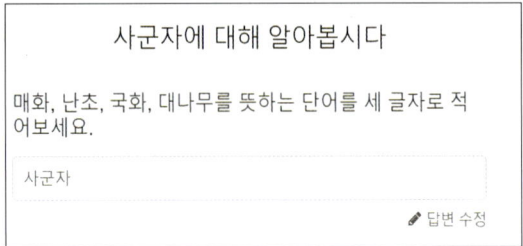

〈17번 슬라이드〉

title로 슬라이드의 제목을 어떻게 설정할 수 있는지 알아보자.

3) 제작 방법
▶ 17번 슬라이드
① 메모와 텍스트입력란을 불러오고 메모의 문구와 텍스트입력란의 이름을 입력한다.

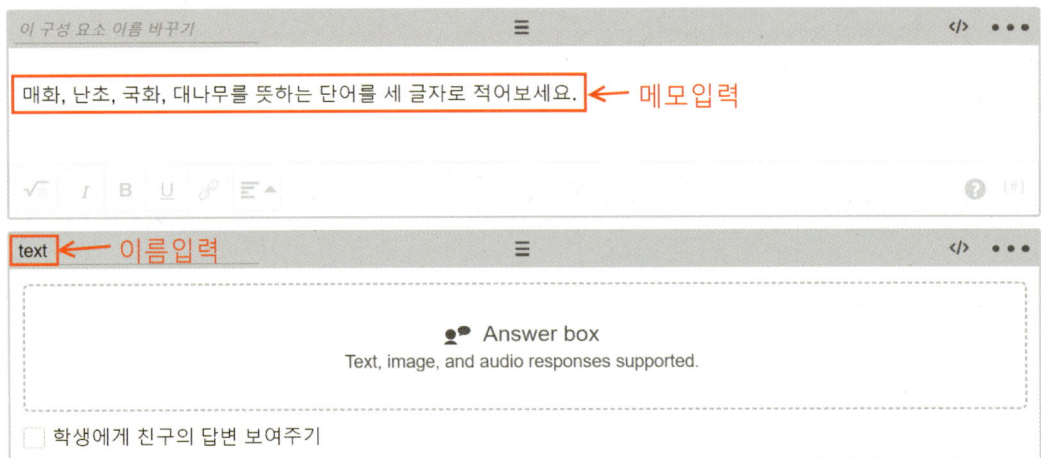

② 스크린 스크립트 편집창을 열고 명령어를 입력한다.

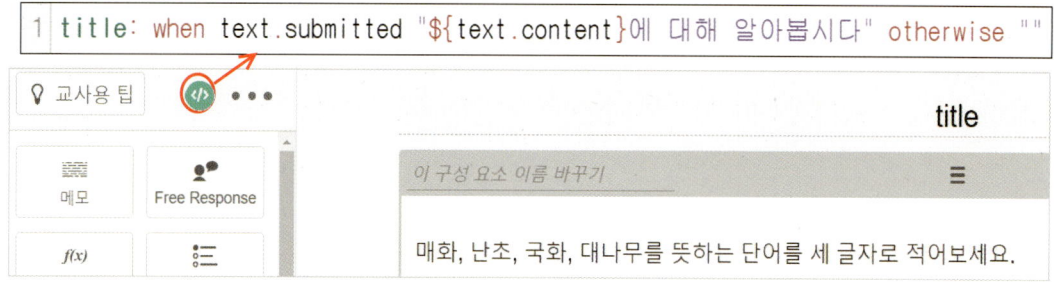

⇨ **명령어 해석**

텍스트입력란 제출버튼을 클릭했을 때 '(텍스트입력란에 적힌 내용)에 대해 알아봅시다' 라는 문장이 제목에 나타난다.

※ 스크립트의 내용이 기존에 적어둔 제목인 '94 title'을 대체하기 때문에 기존 제목이 나타나지 않는다. 기존의 제목을 나타나게 하려면 아래와 같이 명령어를 입력할 수 있다.

title: when text.submitted "${text.content}에 대해 알아봅시다" otherwise "94 title"

95. totalCards (카드의 총갯수)

1) 명령어의 역할
totalCards는 카드정렬에서 카드의 개수를 이용할 때 사용하는 명령어이다.
사용 가능 구성요소: 카드정렬

2) 활용예시 체험
QR코드의 18번 슬라이드를 열어 부제목 위치에 적힌 카드의 개수를 확인해보자.

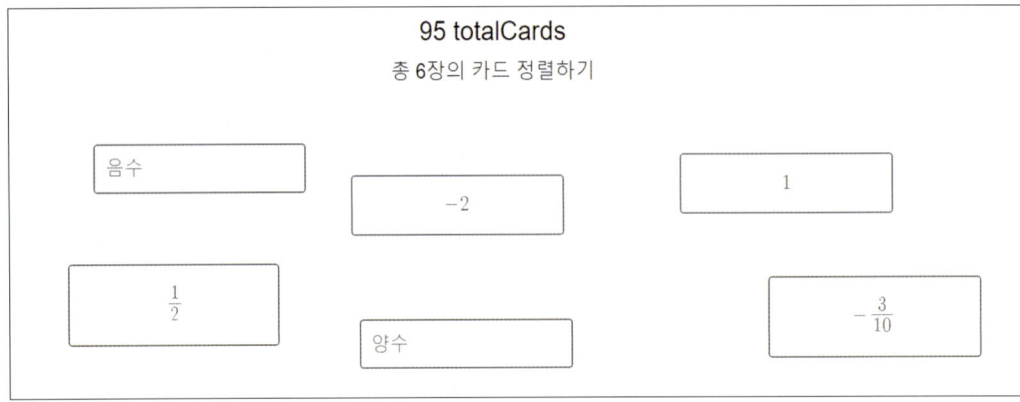

⟨18번 슬라이드⟩

3) 제작 방법
▶ 18번 슬라이드

① 카드정렬을 불러오고 구성요소의 이름을 적는다. 수식 또는 텍스트 카드를 6장 만들고 스크린 스크립트 편집창을 열어 명령어를 입력한다.

▷ 명령어 해석
1행: card에 만들어진 카드 개수를 변수 a에 저장한다.
2행: 화면의 부제목으로 적은 문장이 나타나게 한다.

96. totalCorrectCards (잘 매칭된 카드 개수)

1) 명령어의 역할

totalCorrectCards는 카드정렬에서 바르게 짝지은 카드의 수를 알려주는 명령어이다.
사용 가능 구성요소: 카드정렬

2) 활용예시 체험

QR코드의 19번 슬라이드를 열어 카드를 정렬해 보자. 그러면 잘 짝지은 카드의 개수가 부제목 위치에 나타남을 확인할 수 있다.

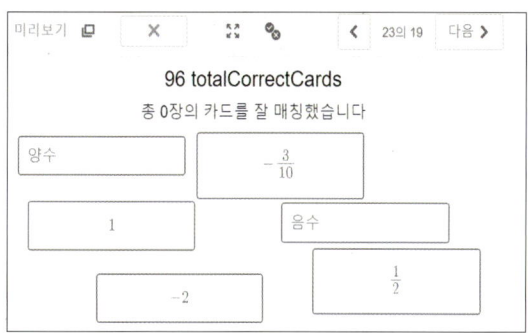

⟨19번 슬라이드⟩

3) 제작 방법

▶ 19번 슬라이드

① **18번** 슬라이드를 복사하여 붙여넣기 한다.
② 화면 왼쪽 아래의 정답 수정을 클릭하고 카드 그룹을 정답으로 분류한 후 완료를 클릭한다.

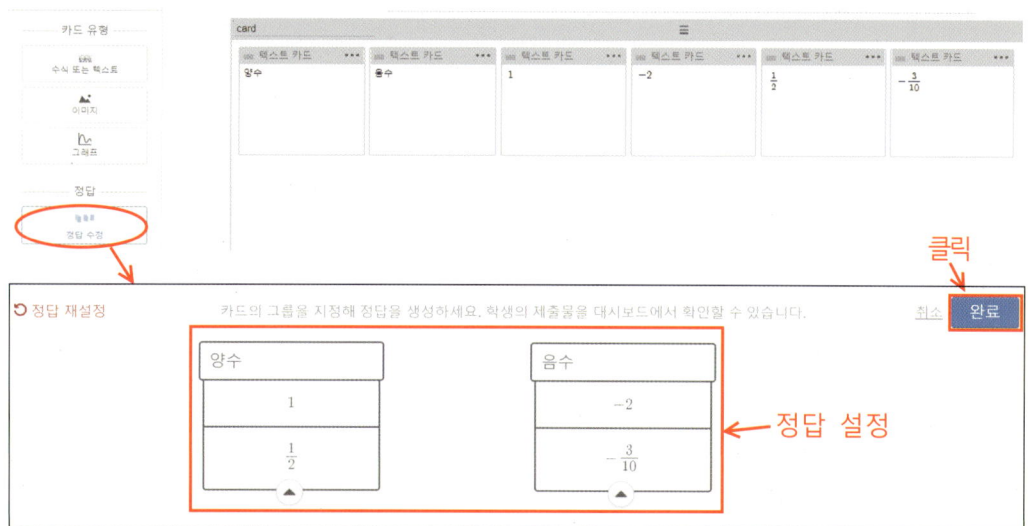

③ 스크린 스크립트 편집창을 열고 명령어를 입력한다.

⇨ **명령어 해석**
　1행: 화면의 카드 중 제대로 분류가 된 카드의 개수를 a에 저장한다.
　2행: 화면의 부제목으로 적은 문장이 나타나게 한다.

※ 스크린 스크립트 편집창에 아래와 같이 적는다면 부제목 위치에 총 카드의 개수 중에서 잘 매칭된 카드가 몇 개인지에 대한 정보를 제공할 수 있다.
a=card.totalCards
b=card.totalCorrectCards
subtitle: "총 ${a}장의 카드 중 카드 ${b}장을 잘 매칭했습니다"

97. trace (그래프 추적하기)

1) 명령어의 역할

trace는 그래프 안의 점과 같은 요소에 대한 조작 가능 여부를 결정하는 명령어이다. 화면의 그래프 구성요소에 저장된 도형이나 이미지가 움직여지지 않도록 잠그고 싶을 때 사용한다.

사용 가능 구성요소: 그래프

2) 활용예시 체험

QR코드의 20번 슬라이드를 열고 trace 가능한 상태 버튼을 클릭해보자. 그러면 이미지를 클릭했을 때 파란색 조절점을 선택할 수 있고 빨간 곡선 위의 임의의 점에 대한 좌표도 확인할 수 있다. 그러나 trace 불가능한 상태를 클릭하면 그래프 안의 어떤 것도 선택할 수 없다.

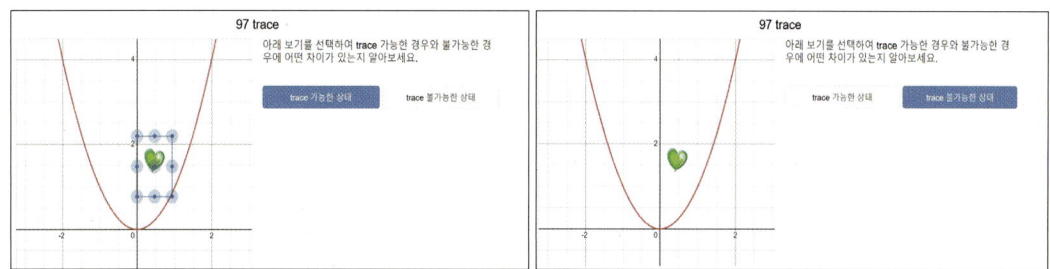

〈20번 슬라이드〉

trace로 어떻게 그래프 화면의 조작가능 여부를 결정할 수 있는지 알아보자.

3) 제작 방법

▶ 20번 슬라이드

① 그래프, 메모, 객관식 문제를 불러오고 메모의 문구와 객관식 문제의 이름 및 보기를 입력한다.

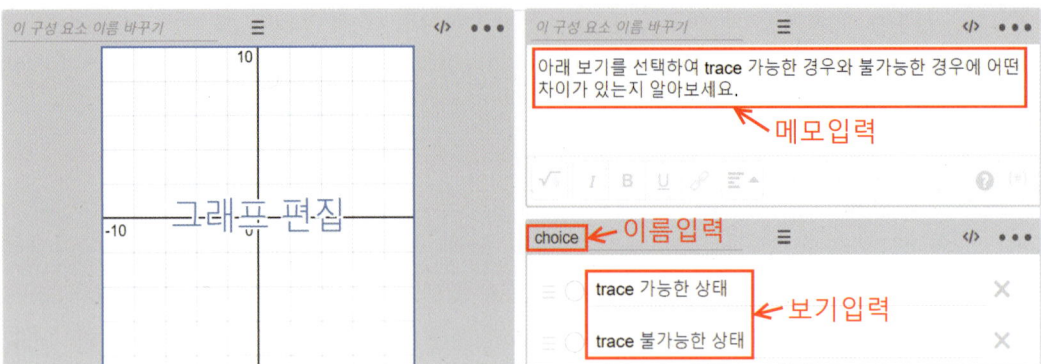

② 그래프 편집창을 열어 수식을, 그래프 스크립트 편집창을 열어 명령어를 입력한다.

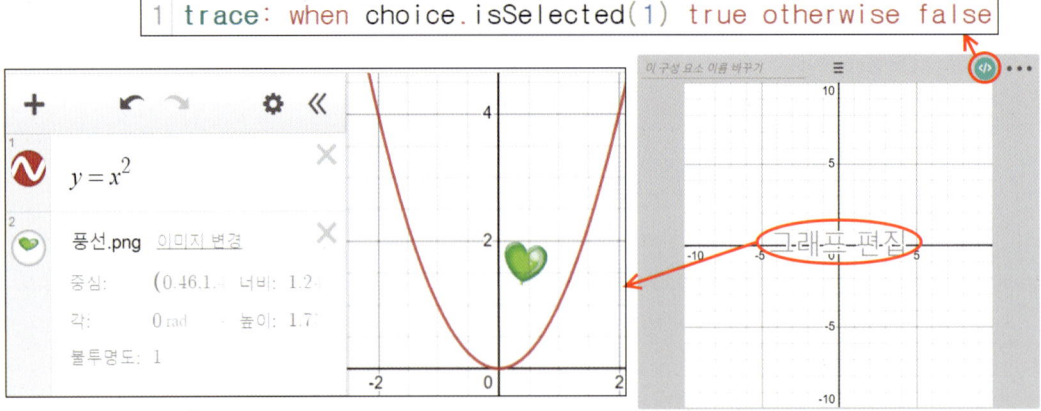

⇨ **명령어 해석**: 객관식 문제의 1번 보기를 선택했을 때만 그래프를 trace 할 수 있다.

desmos

98. warning (경고하기)

1) 명령어의 역할
warning은 학생의 답에 특정 오류를 범했을 때, 교사에게 경고 메시지를 보내는 설정을 하는 명령어이다. 교사가 대시보드에서 체험자가 보일 수 있는 실수를 예상하여 빠르게 확인하고 싶을 때 사용하며 체험자 화면에서는 경고 내용이 나타나지 않는다.
사용 가능 구성요소: 객관식 문제, 체크박스, 그림판, 수식입력란, 정렬리스트, 표

2) 활용예시 체험
QR코드에 저장된 액티비티를 복사 및 편집하여 편집화면을 열자. 21번 슬라이드는 한붓그리기 미션이 제시되어 있다. 그림판에 마우스를 두 번 이상 떼었다 그리면 대시보드에 경고문이 나타난다. 22번 슬라이드도 양수만 적어야 하는 수식입력란에 0이하의 숫자를 입력하면 대시보드에 교사만 확인할 수 있는 경고문이 나타난다.

〈21번 슬라이드〉

〈22번 슬라이드〉

※ 체험자가 미션을 잘못 수행한 후 다른 화면으로 이동했을 때 대시보드에 ⚠이 나타난다. 잘못 수행했더라도 해당화면에 머물러 있다면 ┌─┐
└·┘가 보인다.

3) 제작 방법

▶ 21번 슬라이드

① 그림판을 불러오고 커스텀 이미지를 클릭하여 한붓그리기 이미지를 업로드한다.

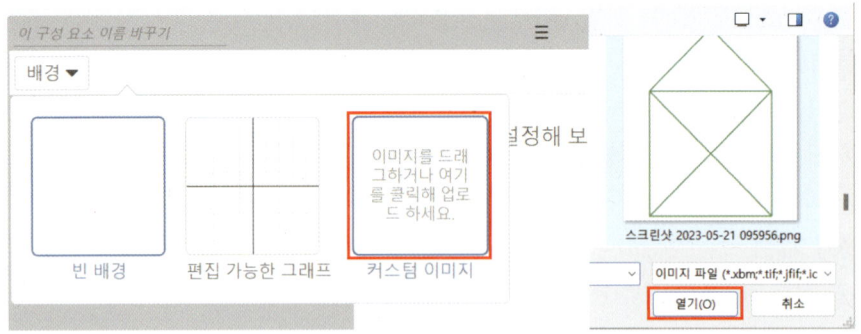

② 스크린 스크립트 편집창과 그림판 스크립트 편집창을 열어 명령어를 입력한다.

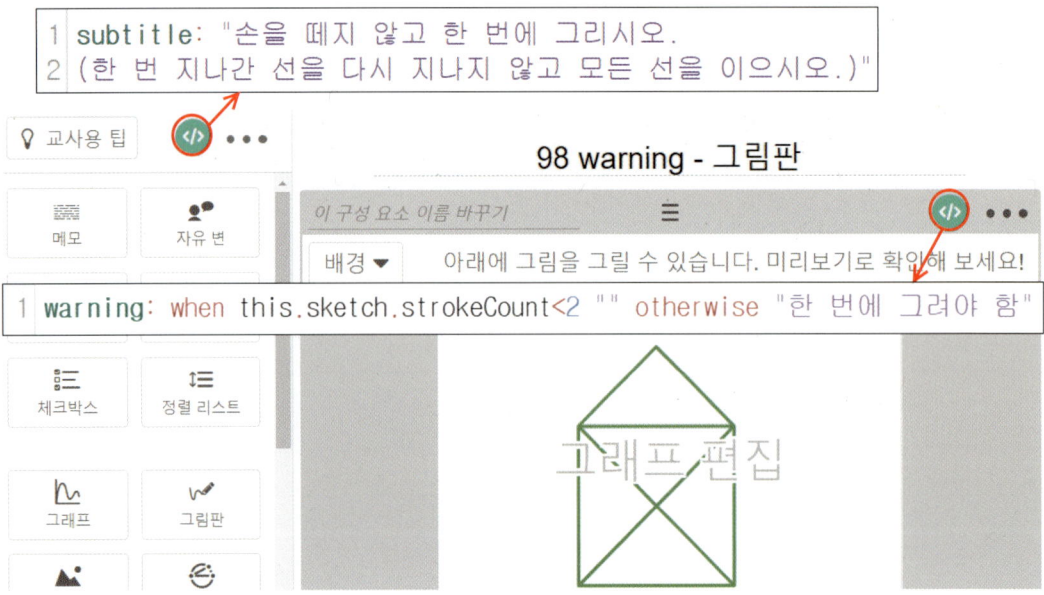

⇨ 명령어 해석

스크린 스크립트 편집창의 subtitle 명령어는 부제목 위치에 원하는 내용이 나타나게 해준다. 그림판 스크립트 편집창의 명령어는 학생화면 그림판에서 체험자가 그린 그림의 strokeCount(마우스를 떼지않고 그리는 횟수)가 2회 이상이면 "한 번에 그려야 함"이라는 경고문이 나타나게 하겠다는 뜻이다.

▶ 22번 슬라이드

① 메모, 수식입력란을 불러오고 메모의 문구와 수식입력란의 스크립트 편집창을 열어 명령어를 입력한다.

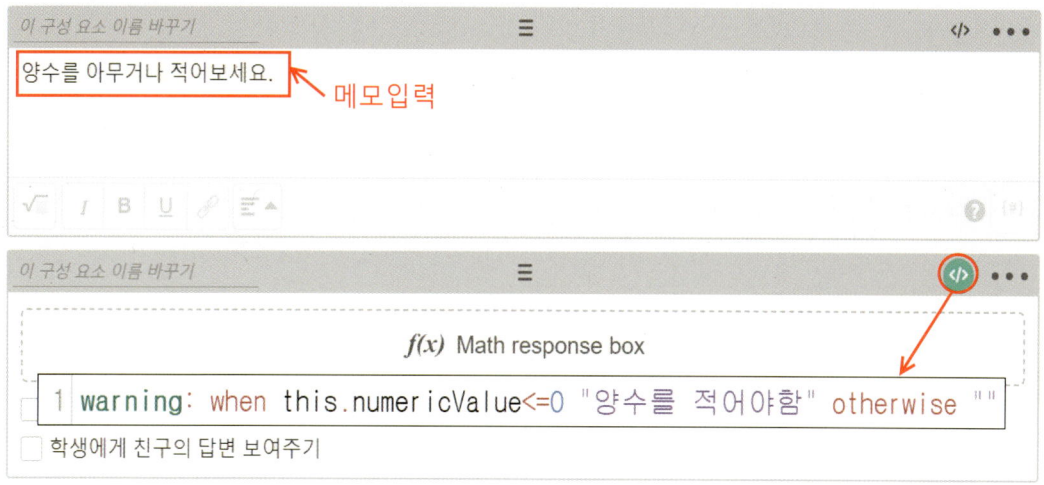

⇨ **명령어 해석**

수식입력란에 0이하의 숫자를 적으면 "양수를 적어야 함"이라는 경고가 대시보드에 나타난다.

※ 액티비티 편집화면이 아닌 미리보기 화면에서는 경고내용을 확인할 수 없다. 또한 수식입력란에 숫자가 아닌 문자나 기호를 입력하면 미리보기 화면에서도 아래와 같은 메시지를 확인할 수 있다.

98 warning - 수식입력란

99. xAxisLable   100. yAxisLable (좌표축 이름 정하기)

1) 명령어의 역할
xAxisLable과 yAxisLable은 좌표축의 이름을 편집할 때 사용하는 명령어이다. 다른 구성요소로부터 좌표축의 이름을 불러올 때 활용할 수 있다.
사용 가능 구성요소: 그래프, 그림판

2) 활용예시 체험
QR코드 23번 슬라이드의 초기 화면에는 x, y축 이름의 괄호 안이 빈칸이다. 그러나 표에 단위를 입력하면 그 내용이 그래프에 반영되어 괄호 안에 나타난다.

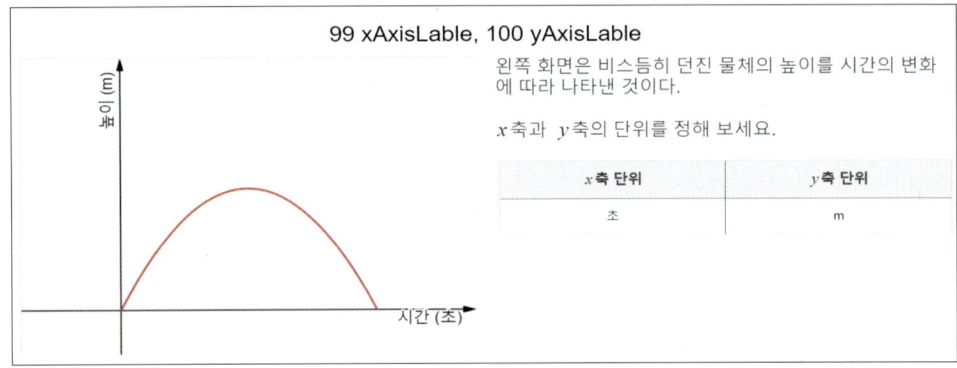

〈23번 슬라이드〉

xAxisLable과 yAxisLable을 사용하여 좌표축의 이름을 다른 구성요소에서 불러오는 방법을 알아보자.

3) 제작 방법

▶ 23번 슬라이드

① 그래프, 메모, 표를 불러오고 메모의 문구와 표의 이름 및 내용을 입력한다.

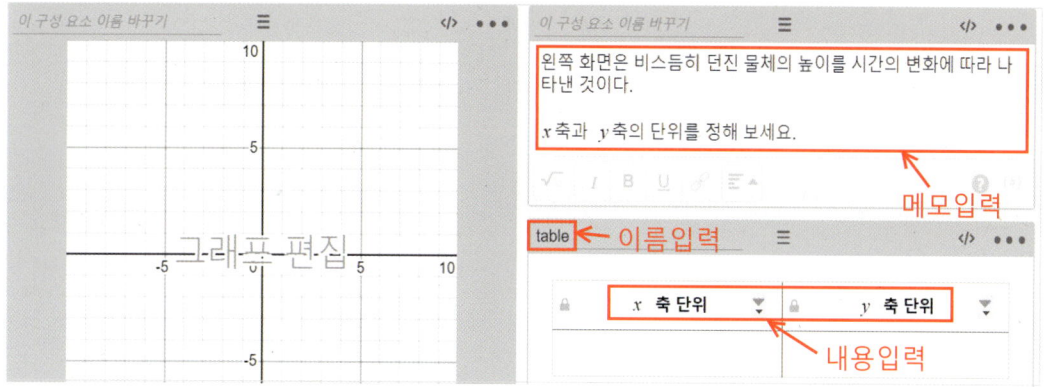

② 그래프 편집창을 열어 수식을 입력하고 그래프 설정을 조정하며 그래프 스크립트 편집창을 열어 명령어를 입력한다.

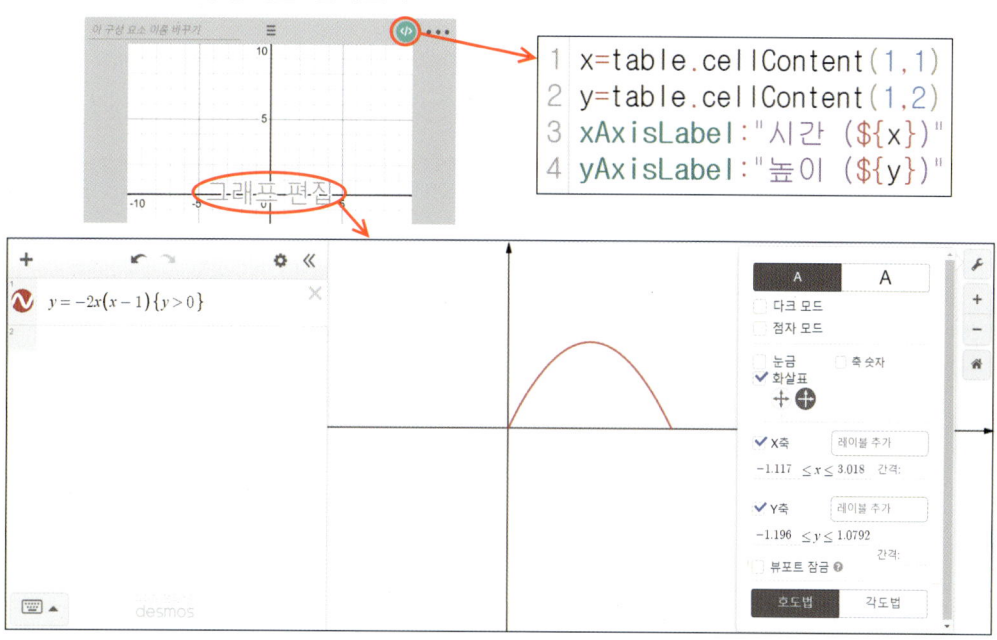

⇨ **명령어 해석**

1행: 이름이 table인 표의 (1,1)셀에 체험자가 입력한 값을 x로 저장한다.
2행: 이름이 table인 표의 (1,2)셀에 체험자가 입력한 값을 y로 저장한다.
3행: 그래프 화면의 x축 이름을 시간(체험자 입력값 x)으로 나타나게 한다.
4행: 그래프 화면의 y축 이름을 높이(체험자 입력값 y)로 나타나게 한다.

135